誰も書かなかった安倍晋三

Statesman Abe Shinzo

元内閣官房参与
谷口智彦

JN108915

飛鳥新社

追悼 安倍総理、話があべこべです

「あのときと同じだ」

二〇二二年七月十二日、安倍晋三氏は荼毘《だび》に付され、その魂魄《こんぱく》はついに五体を離れた。同日深更《しんこう》から翌日早朝にかけて筆を執《と》り、急ぎ本稿を記している。

先立つ五月二十五日、安倍晋三総理(の肩書きを使わせてもらう)が師とし、相談相手として終生敬慕《けいぼ》した葛西敬之・JR東海名誉会長が、闘病に幕を下ろして物故する。

葛西氏における潔癖《けっぺき》は、死に支度《じたく》は公のわざに非《あら》ずして私事の私事たるものと思わせたのか、枕辺《まくらべ》に家族以外が立つことを肯《がえ》んじなかった。

ただ一人許されたのが安倍総理だ。一月余りの入院期間中、安倍総理は三度、葛西氏の病室へ入り、何事か、会話を交《か》わした。

浮世の義理を果たすだけなら一度で十分であろう。安倍総理は、そうは思わなかった。ふとした瞬間に葛西氏の温容が脳裏に浮かぶと、ともに過ごした時間の断片があ

まりにも貴重に思え、一秒でも長く葛西氏のそばに立ち、面立ちや声を記憶に刷り込みたかったのに相違ない。

「あのときと同じだ」。わたしはこのエピソードを聞いて思った。

筆者は実は、安倍総理の人格を思い描いて時折妄想を抱いた。

わたしはなぜだかもう死んでいる。住まいとする東京郊外、雑然たる街の、とある名も知れない葬祭場。残された妻は泣きはらし、まともに立っていることさえできない。

そこに沈痛そのものの表情を湛《たた》えた安倍総理が近づいたかと思うとひざまずき、わたしの妻の肩にそっと手を当てて、ねぎらいの言葉をかけてくれる。「お辛いでしょう」。どっとまた、泣き崩れるわたしの妻。

初めてこの妄想を抱いたのは、伊奈久喜《いなひさよし》というあるベテランの日本経済新聞記者が病に倒れ、齢《よわい》六十三で亡くなったとき（二〇一六年）だ。

葬儀会場となった教会に着くと、正面に「安倍晋三」と木札が出ていた。やがて弔電の紹介。最初に朗読された電報は、故人の病床を訪れた際の思い出を語って真実味に富む。会衆一同胸を詰まらせ、誰の電報かと思ったとき、それが安倍総理からのものと紹介された。

ほぼ同時だったたか、警護の私服警官が風を払うなか安倍総理は足早にやって来て、最前列にいったん座ると最初に献花、遺族に一言、二言親しく声をかけたかと見るや、また風のように去って行った。

安倍総理が亡父・安倍晋太郎外務大臣（当時）秘書官として働いた頃、伊奈記者は外務省記者クラブに属していた。伊奈氏は昭和二十八（一九五三）年、安倍総理はその翌年の生まれで年が近い。憂国の心情を分かち合って話を弾《はず》ませるようになるのに時間はかからなかった。

伊奈氏は政局記者、派閥記者ではなかったから、その後の同氏と安倍総理の関係はあっさりしたものだ。

若くてお互い何者でもなく、何者になるかすらわからずにいた時培《つちか》った友情を、安倍総理は思い出し、反芻《はんすう》した。そこに認めた親愛の念は、どんなに忙しかろうが病床に足を運ばせ、自らしたためた弔電を送らせ、葬儀に参列させた。

葛西氏に対して安倍総理が示した態度を知って、わたしはこのことを思い出したわけである。

安倍総理における情の深さとは、かように体重をかけて前にのしてくる類《たぐい》のものだった。ひとたび友情を育てた相手には、気持ちがビーコンのように、両目や全身からほとばしり出る。何年、何十年経ってもだ。

魅力と指導力の本質

伊奈氏を送る儀式を去り、教会を出て坂を下りながら、私は安倍晋三という人物の、ひとつ本質を見た思いに至ると、次の瞬間に先ほどの妄想が浮かび、愚かにも、涙腺《るいせん》が緩んだ。だというのに、まさかこの自分が、こんなにも早く、安倍総理の最期に立ち合い、涙も枯れんばかりの安倍昭恵さんに接しようとは、思いもしなかった。話が、あべこべじゃないか。

安倍総理が変わり果てた姿となって七月九日奈良から帰った渋谷区富ヶ谷の自宅に、また十一日の通夜と十二日の葬儀の会場・増上寺《ぞうじょうじ》に、安倍総理に最も近くで仕《つか》えた今井尚哉《たかや》氏（第二次政権で筆頭総理秘書官・総理補佐官）の姿があった。

往時のままだ。複雑な会場運営や人繰《ひとぐ》りを陣頭指揮し、寸刻も惜しめない様子。今井氏だけではない、総理補佐官兼内閣広報官だった長谷川榮一氏ら、安倍総理を身近で支えた人々が極めて事務的に立ち働く。

そうとでもしない限り、深い怒りと悲しみは、天に向かっていかに哭《こく》そうとも収まらないからだ。そうしていま焦点がくっきり結ばれた気がするのは、安倍総理がもった魅力と指導力の本質である。

あなたという人間を大切に思っているのだとその眼でまっすぐ見られた経験を一度

でももつ者は、この人・安倍晋三のためいくらでも働きたい、骨身を惜しみたくないと思う。

生まれる関係は、時代や場所を超えて長続きする。永続すると知るから、仕える者に、昨今流行の語がいう「心理的安全性」が生まれる。そういう機制であろう。

米国で弁護士として働く日系米国人の村瀬悟、成蹊大学以来の友人で敷島《しきしま》製パン社長の盛田淳夫《あつお》、そしてこの人を落とすわけにはいかない、当選同期以来恐らく最も近い関係を結んだ荒井広幸といった人々は、いずれも人生のある時期に安倍総理と出会い、終生の友情を結んだ。その誰も、泣いてなどいなかった。奪われたものの大きさを客体化し、涙の対象とする準備がまだ到底ないのであろうと察する。

とここまで書いて、豪州の元首相マルコム・ターンブル氏ら安倍総理に敬愛を抱いた諸国首脳がしばしば安倍氏を「真摯《しんし》な人だった」と評した辺り、安倍総理における人格の魅力は彼らに十分伝わったことに思い至る。「真摯」とは、つまり真っ直ぐな感情が両の眼《まなこ》から飛んでくる、そんな状態の謂《い》いだ。

そういえば、終生の盟友にして、増上寺の告別式で万感胸に迫る弔辞を読んだ麻生太郎氏はいつぞや安倍氏を評し、野球の投手なら「いつも直球一本の人」だと喩《たと》えた。

安倍総理は、ロシアのウラジーミル・プーチン大統領と二十七回会談した。北方の軍事的脅威を制御下に置き、限られた防衛力を南西方面に集中したい。そのためにこその日ロ平和条約を締結したいというのが、安倍総理の一貫した動機だった。

ところがプーチン大統領は絵に描いたような強権独裁者であってくれたらいっそ良かったところ意想外の組織人で、彼以外の有力者がみな反対するなか、一人押し切って日本との妥結に至れなかった。

プーチン氏は、「シンゾー」が見せた笑顔を心中再現させたに違いない。そのとき、どんな思いを去来させただろう。ウクライナを攻め市民の暮らしや命を無情にも奪う人にして、安倍氏を思って運命の過酷、人生の酷薄《こくはく》をかみしめたところで罪にはなるまい。

習近平中国国家主席ですら、「オレの島に手を出すな」と真っ直ぐな表現でクギを刺しに来た安倍総理を思い、敵意や反発とは違うもの、敬意に近い感情を抱いたと想像する。

安倍総理が外交に力を尽くしたこと、赤道四十周分の距離を飛び、累計百七十六の国と地域を訪れ諸国に知己《ちき》や信奉者を作ったことを、世間は安倍氏の死後再び知るに至った。

けれども近く接した首脳たちが抱いた安倍像とはいかなるもので、そこにどうして敬意を呼び覚ますものがあったのかまで考えてみるのでなければ、安倍氏が外国首脳たちに与えた影響力の本質がわからない。

右の問いに筆者はいま、安倍氏の真っ直ぐさ、その両目から直球で飛んでくる情であり念であり、尽きせぬ興味でもあるようなものに、会った人々は忘れられぬ印象をもった、そのゆえだったと答えておきたい。

二つの意味で別人に

二〇一二年九月二十六日の自民党総裁選に勝ちを収め、三カ月後に総理として返り咲きを遂げた安倍総理は、二つの意味で別人になっていた。

二〇〇九年の暮れ、ゼリア新薬工業が発売した「アサコール」は、服用を始めた安倍総理において薬効著《いちじる》しく、総理が持病とした潰瘍性《かいようせい》大腸炎は、発症四十年目にして初めて寛解《かんかい》状態に至る。深い霧が晴れ、頭上に見た空はどこまでも澄み切っていると思えたのではないか。それも人生でほとんど初めてのこととして。

ボーンアゲイン。新たな生を得たと思えたことであろう。ひそかに心中敬慕する吉田松陰《しょういん》など思い出し、ひとの真の自由とはおのれの一身を顧《かえり》みず公儀に尽くしてこそ得られるものだと思ったのではないか。

今度こそ死に物狂いで働いてみせる――。まず、安倍総理の覚悟が改まった。今井、長谷川といった長年の側近は一見直ちにそこを見て取って、自分もこの人と一緒にと思う。

余談を挟んでおく。富ヶ谷と増上寺で見た今井さんには、忠誠の対象がまだ生々しく見えていた。死んでなどいなかった。官邸で見たそのままの立ち姿を後ろから眺めながら、ああこの人は、敢闘精神旺盛な義経《よしつね》を慕い、長い道行きを共にした武蔵坊弁慶《むさしぼうべんけい》なのだと思いを新たにした。皮肉屋どもに笑われたとてかまわない。それが私の今井評だ。

二〇〇七年九月に病状重篤《じゅうとく》をもって政権を下りて以来安倍総理は失敗の因果につき日々自問し煩悶《はんもん》しただろうが、病気をコントロールできるようになると、はっきり見えてきたものがあったと想像する。

国家システムの土台をなすものへの感覚であり、国を前進させるに必要な要素についての直覚のようなもの。一言で言うと国家を真に俯瞰《ふかん》する目を養い、この間に安倍晋三という人物を、自ら治者として鍛え直したのではあるまいか。

防衛力や教育制度、あるいは福祉、年金のあり方は個々にどれほど重要なのだとしても、幹から伸びる枝々である。わずか一年の短命で終わった第一期政権において、自分はもしかすると幹でなく枝葉を見ていたのではないかと安倍氏は思った。幹とは、経済。その導管を走る養分は人々の「希望」だ。希望のないところ、消費、生産、投資いずれも伸びなどしないからである。

自民党総裁として再び立とうと気力をみなぎらせたのは、ここで自ら獲得した覚悟と、システムを俯瞰して眺める治者の眼をもってするなら今度こそできる、なんとしても日本を立て直したいと思ったからだ。

とこう綴《つづ》る私の文章はあくまでも臆断《おくだん》に過ぎないけれども、スピーチライターとは、私の場合外交方面専門ではあったけれど、朝起きてから夜寝るまで何かにつけてはボスの内面を思い描き、ああだろうか、こうだろうかと考えることを業《ごう》とする。

心躍る若者の台頭を見ては、総理も目を細めるだろうと思う。経済について例えば歳出の七割は国債費用と地方交付税、老人医療費ほか福祉関連で固まっていて、三割以下しか自由に使えないことを知るにつけ、成長、成長、成長しかないんだと思い、分配が先に立つなどとは考えない。いつも安倍氏に自分をシンクロナイズさせようとしてきた、そんな人間のする臆断である。

察するところ安倍総理には次のような、AがあってB、BがCを生んでそれがまたAを強くする類の「自己強化型因果ループ」が見えていたのではあるまいか。

そこには経済の小部屋も安保の別室もない。一切は因果のループで結ばれている。これをシステムとして上へ、時間軸に沿って前へ進めていくことに宰相たるものの任があると、そう見ていたのではと推察する。

①先行きに希望を持てる日本にする
②人々の創意工夫が広がり、リスクをチャンスととらえる精神が根付く

③新しい発想があるほど②は進むから女性や若者に期待がかかる
④以上①から③を進めるには託児保育、教育から介護という人生コストをどしどし下げる
⑤受けて企業は国内総生産（GDP）の六割にものぼる「現預金」を吐き出し、賃金を上げ、投資に振り向ける
⑥先行き所得向上が望めると、子どもを作りたくなるだろう
⑦経済が活性化すれば税収が伸び、⑧自衛隊にカネを使えて安全が保て、⑨社会に増える安堵感《あんどかん》は将来への楽観つまり希望を育ててループは①に戻る——というような。

このループには外交とのポジティブな互酬《ごしゅう》関係があった。いや安倍総理の頭の中に生来あったのは世界の中で堂々立って皇統を保ち、北京に叩頭《こうとう》しない日本にしなくてはという強烈な使命感であるから、いま見たシステムは日本の国際的地位を高め実力を強めてこそ意味をもつ。この点の優先劣後《ゆうせんれつご》に、安倍総理は一度として錯誤《さくご》を抱いたことはあるまい。

「ジャパン・イズ・バック」

安倍総理は第二期政権発足早々に訪米し、当時米国識者にあった「日本は二等国家

に転落するのではないか」との懸念を払い、「ジャパン・イズ・バック」とぶち上げた。

二年後日本の総理として初めて連邦議会上下両院合同会議で演説した時は、日米の間柄を「希望の同盟」と呼ぶ。それによって日本人の集合自我意識を大陸でなく海へ向け、海洋民主主義と連なる大道を敷いた。

冷戦をしのぐ装置だった日米同盟に、未来への方向性を一気に吹き込んだ。日米で抑止力を互いに高め、中国との長距離離走に立ち向かわねばならないと考えたればこそだ。

日米の基軸でインド太平洋に大屋根をかけたなら、脇を支える柱が要る。その一本一本を定礎《ていそ》するため、安倍総理は首脳と議会人に直接訴えるスピーチを用いた。二〇〇七年のインド国会、二〇一四年の豪州国会における演説は、そのため以外、なんの目的であり得ただろう。

安倍氏はニューヨークとロンドンという金融首都に行く度《たび》、IRすなわち投資家広報に精を出した初めての総理大臣だった。(不肖《ふしょう》私の案文ではないが)「バイ・マイ・アベノミクス」という意図してあざとく出た三文字は、一国の総理がIRのため発した表現として不滅となろう。外からのヒト・モノ・カネで日本を豊かにし、右で見たループを強化しようとしたのは言うまでもない。

不動の羅針盤の喪失

若者に希望をもたせることには成功しただろうか。

全閣僚を動員したうえ自らも政権初期における外遊の主目的として臨んだ東京五輪・パラリンピックの誘致活動は、若い層に、未来は捨てたものではないと思わせんがため、その一点のためだった。

武漢に一号患者をもつ忌《い》まわしいビールスは予定を延期させ、観客を入れなくさせた。だが二〇一九年の日本が慶賀すべき代替わりに加えラグビーワールド杯の一大成功とあいまって、われわれにいかほど多幸感を与えていたか思い出すといい。本来は、あの延長だった。それに無観客でも、失敗を恐れぬ日本人十代女性アスリートが競技仲間の抱擁を集めた姿など、深く感動的だった。

経済と外交・安保をひと連なりのシステムとして見て、希望という向日的な心の態度が全体を前へ、上へと動かし進めていくのだと見定めた点、そして因果の連なりをよく把握すればこそ、個別政策の軽重が曇りなく理解できた点、安倍総理の前に、似た首相がいたかを疑う。

総理と名のつく地位に就《つ》いたとて、他の人が同様にできる保証はない。総理とはおのれ自らを鍛えて成るものであって、それにはまず、自分の何を育てねばならないか知っていなければならない。そのことを安倍総理は教えてくれたのだと思う。

二〇二七年、習近平氏は、国家主席三期目の任期終了年を迎える。同年は中国人民解放軍発足百周年でもある。この年をメドとし台湾併合に踏み切るのではないか。疑念は強まる。無邪気でいられる場はもうない。

愛子様を天皇にしたがる横紙破りの議論などには、手の込んだ世論攪乱《かくらん》工作の臭いがしなくはない。この先の五年、十年こそは、日本の死命を制する危機となろう。

安倍総理が死ぬと、北京はキャンベラに外交的甘言《かんげん》を弄《ろう》し揺さぶりをかけ始めた。極北を指して揺るがぬ羅針盤の喪失は、東京に、キャンベラに、ワシントンやロンドンにも動揺の波を起こし、波動は増幅をもたらすだろう。

安倍総理こそは不動の羅針盤だった。しかもなお妻を愛し仲間を尊び、快活をもって日々を送った人が、いない。不在が開けた中心部の空洞を埋めねばならないが、その埋めようが、皆目わからない。

◎誰も書かなかった安倍晋三　もくじ

第2章　統治者に見えている景色　105

第3章　見えてきた日本の新しい姿　163

第4章 世界を唸らせる安倍外交 235

第6章 安倍総理における孤独と達成 309

（本書は悟空出版刊行の『安倍晋三の真実』を加筆し文庫化したものです）

（本文中の年月日は、基本的に現地時間表記といたしました。また、一部敬称を略させていただいた部分もあります。また77、145、219、223、247、261、267ページの写真は「内閣広報室」提供、270ページの写真は「外務省」提供です）

文庫版のためのまえがき

本書のもととなった単行本『安倍晋三の真実』が悟空出版という書肆《しょし》から世に出たのは、2018年の8月でした。

いま文庫になって読者の掌中《しょうちゅう》に新しい居場所を見つけ、いくぶんか寿命が延びると思うと、嬉しい限りです。しかし、一抹《いちまつ》、名状し難い寂しさを拭いきれません。安倍総理の退任さえなかったならば、こうして新たに版を起こすことなど、仮にあったとしても相当先だったはず。そんなことを、思いますにつけても。

安倍総理の治績《ちせき》について、その意図と達成について、本書は扱っています。令和二(2020)年に入り、緊急事態宣言が発せられた頃の様子をしるした章、それから最後の「安倍総理における孤独と達成」という章は、文庫化に当たって付け加えた原稿です。『月刊Ｈａｎａｄａ』が掲載してくれた記事を、転載しました。

最後の章を書き終えたのは、9月10日。あと1週間足らずのうちに安倍総理が官邸を去ることを意識しつつ、ある種の衝迫を感じながら、一文字一文字列《つら》ねました。

7年8カ月という、明治このかたなかった長い期間日本を率いた人が、もし孤独を感じていたとしたら、それはどんな類《たぐい》の思いだっただろうか。

指導者の孤独なるものの実質について、自分がそれまで続けた観察に依《よ》りながら、こうであったか、ああでもあったかと、想を巡らせてみたものです。

そのような試みとして、あるいは類例をあまり見ないかもしれません。ただし一般論をあらわそうとしたのではなく、あくまで、安倍総理の立ち居振る舞い、日頃の言動を思いつつしるしたものです。

総理が官邸5階にいたのとほぼ同じだけの間、わたしはその一つ下の4階から見上げるようにして、いま総理は何をし、どんなことを考えて、これから先どうしようとしているか、明けても暮れても、年がら年中、それればかり考えていました。

内閣官房参与とは、非常勤の公務員です。毎日官邸に来ようが来るまいが、別段、誰に褒められも、また、咎《とが》められもしません。しかしわたしが努めて官邸に日参するよう心がけたのは、まさにそういう暮らし――安倍総理のことを意思的に考える暮らしを、自らに強いるためでした。離れた場所から遠望するようにして思うより、物理的になるべく近い地点から試みたほうが、真に迫れると信じればこそです。

武漢発の一大疫病が世界を覆う前、安倍総理を乗せた政府専用機が飛んだ距離は、158万1281キロメートルに達したそうです。これは、赤道上を、ほぼ40周したのに相当します。地球と月には38万4400キロメートルの距離があるのを思うと、月に2往復以上した計算です。訪問回数は81回で、訪れた国と地域は、差し引き80、延べでは176にのぼりました。この多くにも、わたしは同行しました。

出先では、総理と同じ食卓を囲む機会が少なくありません。日頃は文字通り忙殺されているから無駄口などおいそれききに行けない秘書官たち——今井尚哉《たかや》氏らと、専用機の中などでなら、気軽に話をすることもできます。

わたしが、自分に果たすべき役目がある場合はもとより、それが仮になくとも外遊に同行できたのは、このうえなく幸せなことでした。安倍総理や昭恵夫人について、また秘書官たち側近について、あれこれと観察を深めるうえで、またとない機会となったからです。

外交政策や、外国を強く意識したスピーチについて御用に応じるのがわたしの役目でしたから、おのれの視線を、常に安倍総理に向けておく必要がわたしにはありました。

「真・善・美」の価値基準において、総理のそれ、自分の持ち合わせるそれが同じであることを、できれば二六時中、確かめては頷き、また確認しては、「そうだ」と自分に言いするという、そんなことを続けておくことが職業上の要請でした。

そうした務めが、安倍総理について常に思いを巡らせることを、おのずから習いとし、その習いが、いつしか性《さが》となったのだといえます。本書はその、こういっていいでしょうが独特の、「習性」が書かせたものとお考えください。

後世の歴史家にも、そのような成り立ちからする「安倍晋三論」として、いくばくか、他にはない価値を見出してもらえたらと念じます。

最後の二章などお読みになると、時局に応じてしるしたものゆえやむを得なかったとはいえ、繰り返しがいくつか見られます。文体が、ここだけ「である」調です（その延長にくる「あとがき」も、「である」調にしました）。

しかし緊急事態下の官邸を描いた章、最後の日が近いなかしるした章はともに、文体に凝縮を欲せざるを得ませんでした。このあたり、いささか統一を欠くところは、読者諸賢の寛恕《かんじょ》を請《こ》います。また登場する人物の肩書き、日付に関する記述など、すべてそのままにしておきました。改め始めるとキリがないのみならず、一種の改竄《かいざん》を企《くわだ》てるに等しい仕儀とは、なってしまうからです。

安倍総理の胸中に、何か仕切りのようなものがあって、「外交の小部屋」や「靖國神社の一室」、あるいは「安保の間」がある一方、「経済の部屋」が別にあり、安倍晋三という人物は、「経済部屋」に留まることをついおろそかにしがちなのではないか。

官邸4階にわたしを尋ねてくる外国人投資家たちが、ひところ申し合わせたように、そんなことをわたしに聞きたがりました。日本人のなかにも、「外交の安倍」は評価するが、「経済の安倍」には点が辛いという向きが、いまだにあります。

これほど非現実的な評価は、わたしのみるところ、ありません。とはいえ自分がそう思う理由についてわかってもらうには、アベノミクスとは何を目指し、安倍政権の政策課題において、若い世代の日本人を元気にすることは、一にも二にも、最も重要な目標だったというところ、少していねいに説明する必要があると思いました。

「希望」のないところ、成長はありません。成長を諦める国は、世界から注目を、ましてや尊敬を集めることができず、国防力をつけるなど望むも愚かです。

「希望」の二文字は、安倍総理が次第に強く、後半になるほど意識的・意思的に、重要だと自覚したものでした。米国上下両院合同会議における、安倍総理畢生《ひっせい》の演説に、みずから「希望の同盟へ」と題名を冠したとき、総理はそのことを啓示ででもあるかのように、意識したと思います。

本書はそんな次第で、安倍総理の外政面に多くの比重を置きつつ、なかんずく演説が開いた境地により多く注目しながらも、アベノミクスの生成から発展、ついに未達に終わった遠大な目標について、少なくない紙数を費やしています。安倍政権下の経済政策について回顧し論じようとする向きにも、きっと参照に足るなにかを見出してもらえないだろうか——。著者がひそかに期待するところです。

＊　＊　＊

9月16日、午後0時41分、総理官邸正面ホール。

玄関に向かって歩いてくる安倍総理を迎えて、総理から見て左側に記者とカメラが立錐《りっすい》の余地なく並び、右側は、官邸職員たちが埋めました。壁際の階段に上がって、見送ろうとする人も。

慣例にしたがい、総理室に執務する女性職員が2名、中央に立って待っていました。かたわらの小卓には、大きな花束が。それを受け取った総理には、心なしか、ややはにかんだ笑顔が広がります。菅義偉官房長官以下の幹部は、すぐその右手に。

拍手、拍手、拍手。なりやまない拍手が反響するのを聞きながら、それでもわたしは、次第に苛立ってくる自分を感じていました。どうして、拍手だけなのか(「安倍総理、万歳!」って、誰か言ったってよさそうなもんじゃないか)。

とうとう、玄関にあと一歩というとき、総理のすぐ脇から、官邸全体に轟《とどろ》き渡るような声が出たのです。――「総理、ありがとうございましたあ!」

その声の主がわたしだったことをここに明かし、文庫版のためのまえがきとします。

単行本版のまえがき――チャーチルの復活

「ネバー・デスペア」

決してあきらめるな。

愛蔵書はと問われると、安倍晋三総理（と正式に呼び続けたいところですが、本書内では「安倍さん」などと親しみを込めて呼ぶことがあります。一国の総理に対する敬意を捨てるわけではないこと、あらかじめご理解ください）は決まって、この題名がついたウィンストン・チャーチルの評伝を取り出します。

チャーチルとは、言わずと知れた、第二次大戦期・英国の首相。一時はヒトラーのドイツに対し孤立無援、劣勢に立ちながら、決してあきらめなかった。不屈のジョンブル魂で、英国を勝利に導いた大宰相として有名です。

ところが安倍総理が書棚から取り出して、少しはにかみながら見せている写真のこの本は、戦時指導者としてのその人についてでなく、戦後のチャーチルを描いた評伝なのです。

英国人はドライというのか、あれだけその人の周りに国民が一致団結した、その演説に幾度も勇気を奮い起こしてもらったというそんな指導者だったのに、戦争が終わるやいなや、もう用済みだとばかりに、チャーチルを首相の座から引きずり下ろします。

さぞやチャーチル本人には、苛烈な体験だったに違いないわけですが、ここからがチャーチルの真骨頂。「ネバー・デスペア」。決してあきらめず、戦後、再び英国の首相として返り咲きます。その様を描いたのが、いかにも分厚そうな、安倍総理が手にしているこの本なのです。

安倍晋三の真実――を書け、とのお話。

悟空出版の佐藤幸一社長と河野浩一編集長から促されたとき、私は今からお話しする事情を踏まえて、「殻を破る」決意をしました。「カミングアウト」して、安倍総理のことを書いてみよう、と。

＊＊＊

2006年から07年の短命に終わった第一次政権における安倍晋三氏は、記憶をたどってみても、どこかひ弱でした。

顔に大きな絆創膏《ばんそうこう》を張り付けて、記者会見に現れ世間を唖然《あぜん》とさせた閣僚がいたことを覚えていますか。あんなことの連続で、運にも見放されていた。

それよりなにより、潰瘍《かいよう》性大腸炎が悪化して、10分とおかずトイレに駆け込まなくてはならない。真実、そんな状態だったらしいのです。

単行本版のまえがき——チャーチルの復活

『NEVER DESPAIR』(ネバー・デスペア)を手にする安倍総理(著者撮影)

あの難病は、自分の免疫システムが、自分自身の腸壁を敵とみなして攻撃してしまうという病気です。剥《は》がれた腸壁は、どす黒い血と混じって、便になって出る。下血のとき、どんな痛みがあるのか、想像すらできません。

さぞ、憂鬱でしょう。ほかのことなど考えられなくなるくらいに。

病気を主因として、安倍さんは政権を返上せざるを得ませんでした。

そのとき、米国人で、長年の友人だったさる人物が安倍氏に贈ったのが、この、チャーチルの評伝、決してあきらめるな、絶望するなという題名の評伝だったのです。送った主は、日米関係に少しでも通じた方なら知らない人がいないジム・アワーさん。日本と米国を繋《つな》いできた功労者は米海軍の中にたくさんいて、アワーさんなどその筆頭なのですが、安倍さんには生来、一度できた友人との関係が、とても長く続くという性質がある。まさに、降っても、晴れても、安倍さん、オレはあんたの友達だよと、そう言ってくれる友人が、内外にいます。

総理の座を病気の進行によって退かざるを得ず、全国民から弱虫呼ばわりされていたまさにそのとき、アワーさんはこの本を贈って、表紙見返しのところに書き込みまでして、「あきらめるな、立ち上がれ」と励ましたんですね。

安倍さんはあのとき負けなかった。歯を食いしばって立ち上がろうとし、そして天の声を聞いたのだと思います。

天の声とは、英霊たちの声だったかもしれません。

オレたちは、命と引き換えに、立派な国になってほしかったんだ、なのに今の日本は、こんなに衰勢じゃないか、頼む、しっかりしてくれというような。

またそれは間違いなく、被災者の声でもあったでしょう。東日本大震災が発生し、津波が起きて10日経《た》つか経たないかというとき、安倍総理は盟友・世耕弘成さん（現経済産業大臣）と申し合わせて、２人でトラックの狭い助手席に乗り込み、被災地に救援物資を届けていますから。

２人の祖父の声、実の父の声でもあったでしょうね。

岸信介は、戦後の建設者として、安倍総理が折に触れ感情移入しつつ、その足跡を振り返っている大宰相です。

いつくしんだ孫に、岸は何を言うだろう。そんなことを安倍総理はちょくちょく思っている。

あの声、この声に促されるようにしてまた立ち上がろうかと思っていたとき、潰瘍性大腸炎の世界的特効薬がちょうど出回るようになって、誰もが予測すらしていなかった復活を遂げるのです。

もはやあの、自民党総裁選に出馬した２０１２年9月の時点で、総理の座とは安倍さんにとって、ただ単に「ゲットしたい」ものではなくなっていました。

安倍総理は、強い日本にして次の世代に渡すには、一にも二にも、国民経済を良くしないといけないことを骨身に沁《し》みて理解し、打つ手を慎重に選ぼうと考えていたのです。総理の座とは、そのために必要にして欠くべからざる地位、いわばツールではあっても、自己目的化して追求しないといけないもの、ましてやトロフィーのように、それ自体が欲しくてたまらないというようなものではありませんでした。

これは一度経験し、挫折し、復活したからこそとれた態度であり、覚悟です。

私たちは来《きた》る2018年9月に予定されている自民党総裁選で、その同じ態度、覚悟があるのかないのかわからない人を選ぶわけにはいかない。安倍総理に、圧倒的な勝利を収めてもらわなくてはならない。

党員ならざる私の、その強い思いが、本書の刊行に私を駆り立てました。

もちろん、ここで断言しておきますが、安倍総理や周辺の誰彼から使嗾《しそう》を受け、あるいは私が忖度《そんたく》し、時期を選んで本書を書いたというのではありません。徹頭徹尾、私の自由意思によって私が決めたもの。安倍総理を失っては国益を害すと信じる強い動機のみによって、導かれてのことです。

今の日本には、試したことのない器に試しに水を入れ、ひび割れがあるかないか、そのせいで水が漏れるか漏れないかと、確かめてみるようなゆとりはないのです。アジアでも、世界でも、情勢は急展開しています。

国内ではというと、福祉の重心を、お年を召した方から、子育て真っ盛りの人たちに、少しずつ、少しずつ、移そうとしています。それは未来への投資なのであって、お年寄りという最大の既得権益層を敵に回すことなく、若い世代を大いに味方につけようとする難しい仕事。慎重な上にも慎重な手綱さばきを必要とする事業です。おいそれと、選手を交代したり、巻き戻したりできません。

そんな動機で書かれた本です。

ですから著者としては、読者を選びます。

官邸前に来て、「なにもかもアベのせいだ」と口汚く罵《ののし》る人々、卑しい言葉をいとも容易に使っているうち、人相まで自ら卑しくしている類《たぐい》の人々には、もとより出会いたいと思っていません。

しかし自民党の党員ともあろう人たちには、ぜひ、必ず、読んでほしいと思います。

また、大手新聞やテレビが伝えるアベ像に、本当かな、と一抹の疑問をもっている人にこそ、読んでほしい。

もしここで、経験と知見を誰よりも深め、羅針盤において揺るぎがなく、およそ人の悪口を言わず、霞が関で総理が自分の陰口を言っているのを聞いたという人が誰一人いないという、情緒においてもそれほど安定している人物を、またもや弊履《へいり》（ボロ草履のことです）を捨てるごとくに捨ててしまったら……。

私はそれこそ、亡国の所業だと信じるのです。

＊＊＊

さて私は、内閣官房参与。

非常勤の公務員です。

兼業禁止規定がかかりませんから、私には本職が別にある。慶應義塾大学大学院のシステムデザイン・マネジメント研究科という長い名前の職場で、正式の教授をしています。

しかし社会人が多い学校で、授業は夜、修士論文指導も夜間、となることがもっぱらで、午後はほぼ毎日、総理官邸4階にある自分の部屋に出かけていきます。どうにかこうにか、二足のワラジがはけるというわけです。

内閣官房参与というと、限定的な役割を与えられ、その特定のことについてだけ総理のご下問に応《こた》えるのが本来の役職です。

就任のときは、墨で書かれた大きな辞令を、総理から、閣議後の閣僚待合室でいただきます。この、総理からじきじき辞令をもらうというところが、役人のピラミッドでは、かなり上に来るシンボル。

外遊のとき、政府専用機の座席表などを見ると、ここらの階級差がわかります。各省大物副大臣クラスに相当する「総理大臣補佐官」の下、各省次官級と同等、という処遇を受ける建前なのが、内閣官房参与です。

でもほとんどの参与は、何かの会議があるときくらいしか、官邸に来ません。

毎日来ている内閣官房参与は、小泉純一郎氏に長年秘書として仕えたことで有名な飯島勲さんと、私だけ。

飯島さんは、第二次安倍政権発足のとき、総理がじきじき、三顧の礼で迎えた人です。私はヒマさえあればドアを隔ててすぐ隣の飯島さんの部屋に入りびたり、その百科事典的なというか、血となり肉となった政治、外交、行政の知恵と知識のお話を、シャワーでも浴びるように聞かせてもらうのが好きなのですが、安倍さんが飯島さんを置いているというのは、究極の危機管理の知恵だと思います。

自民党の秘書たちの中で、経験、知識で飯島さんの右に出る人など誰もいません。その豊かな知見は、実に多岐にわたって、しかも臨機応変、泉のように湧《わ》いてくる。農協など各種団体との関係にしろ、選挙対策にしろ、飯島さんの力は絶対に必要です。

ちなみに読者の皆さんには、飯島さんと小泉純一郎元総理との関係を知りたい方がおありでしょう。

飯島さん自身、数ある著書のどこかで書いていますが、飯島さんは、飯島さんに対する小泉氏のとある行為をきっかけとして、かつてのボスと、それはもう見事なばかり一切の交渉を断って今日に至っています。

そんな尽きない井戸みたいな知恵も、経験もない私が、それでも毎日官邸に来るワケは、一つ上の階、5階の総理執務室にいる総理を、「身近に感じていたい」と思うからです。

明確なご用があるときはもちろん、仮になくても外遊に極力同行するのも、同じ理由から。なぜなら私の職分とは、〝安倍晋三の観察〟だからです。常日ごろ、安倍晋三という人物に、感情を移入し、いろいろ想像力を働かせておくことが、職務上必要だからです。

ですから、今から綴《つづ》る拙文は、「官邸4階から、一つ上の階にいる安倍総理を常日ごろ見た観察の記」なのです。

なんで、そんなことをする必要があるのか。

世間では「谷口は安倍総理のスピーチライターだ」ということになっているようですが、ここで私の仕事についてちょっと説明させてください。

＊＊＊

日本ではまだまだスピーチライターという職能は確立していませんが、米国では、人口わずか数千人という小さい町の職業別電話帳（今ならネット上の）を見ても、スピーチライターと称する人が数人は存在しています。葬式のときの式辞だとか、結婚式のスピーチ、卒業式の祝辞や答辞を書いて、それなりに生計が立つのでしょう。

まして政治の中枢・ホワイトハウスともなると、大統領の下にメインのスピーチライターが複数いて、その下にさらに数人がサブにつくという体制が組まれています。大統領とその側近たちを中心に描いたテレビドラマ『ザ・ウエスト・ウイング』（邦題『ザ・ホワイトハウス』）がヒットしたこともあって、米国国民にとって、スピーチライターの存在は当然のこととなっています。

もともと、有名なところでは、ジョン・F・ケネディ大統領のスピーチライターを務めたテッド・ソレンセン（故人）という人がいました。

1961年にケネディが大統領に就任したとき、「国家が諸君に何をしてやれるかを問うなかれ、諸君が国家に対して何をなせるかを問うべし」という名文句を含む就任演説を書いたのは彼でしたし、テキサス遊説中に「1960年代中に、我らは月に行くのである」と宣言したときのスピーチを書いたのも、核戦争一歩手前のキューバ危機に当たって、当時のソ連共産党第一書記ニキータ・フルシチョフ宛に、ケネディ大統領が出した書簡の草稿を書いたのもソレンセンでした。

また、ロナルド・レーガン大統領のスピーチライターがペギー・ヌーナンという女性だったことや、最近ではバラク・オバマ大統領のスピーチライターが極めて若いベン・ローズという人物だったことも、米国で、というより世界で、公知の事実です。

それでも――ここが大事なところです。

米国国民は誰一人、「大統領はスピーチライターが書いた原稿を棒読みしているだけの腹話術の人形だ」などとそやしたり、からかったりすることはありません。一度としてないと断言できます。

それに対して日本では、総理官邸は言うに及ばず、大会社の社長室にも、まったくもってどこにも、スピーチライティングを業《なりわい》とする人がいたためしがありません。ボスと、それを支えるスピーチライターの役割分担や関係についてあまりにも知られていないので、私が「スピーチライターでございます」などと名乗りをあげると、単に好奇の眼を集めるだけになりそうです。

それでも今回、ある意味カミングアウトしたのは、私がどうして安倍総理の観察をし続けなくてはならないか、毎日官邸に出て、「同じ空気を吸う」必要を感じているか、自分の職分を明らかにしない限り、ご納得いただけないだろう、さらには、私の話に説得力を感じてもらえないだろうと思ったからです。

また今からお話しするように、総理の政策スピーチがどうやって生まれるものかを知っていただけたなら、私に対する無用な関心など雲散霧消するに違いないと、思うからでもあります。

＊＊＊

確かに、私が総理の指示を受けてスピーチ原稿を書くお手伝いをしているのは事実です。ちなみに私が担当するのは、あくまでもやや長め、あるいは「勝負」ものの、外交に関する演説だけです。内政に関する膨大な量のあれやこれは、また後ほど述べますが、とても優秀な少壮官僚が手掛けてきました。

ともあれスピーチを担当する場合、スピーチライターなる者は、彼または彼女一個の考えで原稿を書くわけではありません。あくまでリーダーの考えを自分の中に血肉化し、そのうえで書くことが求められます。

そのためには、私の場合でいえば総理の目線に立って書くことが絶対的な必要条件となりますし、総理の発想、思想、好み、癖などについて十分に理解している必要があります（総理の近くにいたいと思うワケがここにあります）。

また、第一稿が一発でオーケーになり、採用されることは絶対にありません。私に求められるのは、書き直しに次ぐ書き直しに堪《た》えることです。第一稿を書くことに始まり、何度も書き直すというプロセスを重ねる作業です。

私は経済誌の『日経ビジネス』で記者として20年過ごしました。おしまいのころは、相手がデスクだろうが編集長だろうが、「オレ様の原稿に指一本触れるなよ」なんて、口に出さないまでも、体中からオーラが出ているという、薹《とう》の立った記者になっていたと思います。

しかし、そんな態度では、〝総理のスピーチライター〟は絶対に務まりません。書き直しに次ぐ書き直しで、10回、多いと20回近く修正を加えるのが当たり前です。それでも肉体的に堪え得るだけでなく、精神のバランスを崩さない強さが、いわゆるスピーチライターの一番の条件だといっていいでしょう。

肉体的にもつ、というと、いちばん大変だったのは米国議会演説をこしらえていたときでした。30分くらい寝て、起きて書いて、耐えられなくなったらまた30分くらい寝て、とそんな暮らしをほぼ1カ月続けたころ、その月の合計睡眠時間を推定したら、30時間に達していなかった。そんなある日、新宿駅での乗り換え途中、小さな書店を覗《のぞ》いていたとき、両目を盛大に、飛蚊症《ひぶんしょう》が襲ったのを覚えています。

それはさておき、では誰の指示で書き直すのか……。

今、例に出した米議会演説は、実は例外でした。そしてまた、こう言うと拍子抜けするかもしれませんが、最も多いのが、役人の意向を踏まえて書き直すケースです。なぜなら、スピーチが政策を語るものである限り、役人の心をつかめないことには、価値がないからです。

そもそも〝総理のスピーチ〟は政策について語ることが大半なわけですが、政策を実施するのは、政府機関です。つまりは行政官＝役人です。その役人がスピーチに盛り込まれた内容について、「あれはどっちみちスピーチライターと総理大臣が適当に美辞麗句を連ねた作文でしょ」などと感じたら、役人はそっぽを向いてしまう。政策を進めることなどできません。

良い政策スピーチというのは、役人も「よく書いてくれました。ここまで書いてくれたら私たちもやりがいがあります」とアタマを下げるようなスピーチです。さらに言えば、「私たちは意識しないでやってきましたが、言葉にするとこういうことだったんですね。今やっとわかりました。これでもっとやりがいを感じられます」と感激してくれるところまでつくり込めたら、もっといい。そのときスピーチ作成作業は、自分たち自身の仕事の発見と定義、再発見と再定義のプロセスになるからです。

そうしたことがあってこそ、役人が担いで回れる〝血の通った政策〟となるのであって、政策スピーチとは、思いつきを思いつきのまままとめる「作文」ではありえません。

いわゆる「文才」は、ないよりあったほうがいいでしょうが、文才さえあれば書けるというものともほど遠い。政策をつくり、実施し、国民を巻き込んでいくプロセスの始まりに来るのがスピーチですから、政策当局者たちとの共同作業になるのです。

世間の皆さんには、まずそこのところを、しっかりご理解いただきたい。私にしろ誰にしろ、誰か一人がスピーチ原稿をつくっているわけではありません。スピーチライターとは、政府機関あっての存在なのです。

紛らわしい名前で「ゴーストライター」という存在があります。こちらは、タレントの自伝を代わりに書くライターなどが典型で、名目上の著者と、一対一の関係を結んでその関係の中だけで仕事をする人のことですから、今言ったスピーチライターのように機関にいてこそできる職分とは似ても似つきません。

スピーチの原稿が、そうやって役所とのやり取りを経てある程度までできた段階で、今度はいよいよそれを総理に見てもらいます。

私は安倍総理の場合しか知りませんが、ここからが、緊張に次ぐ緊張を伴う作業になりますし、喜びも倍加するプロセスになります。

安倍総理には多くの場合、主張したいこと、キーになるコンセプトが明確にある。それだけでなく、人間関係の機微や、政治力学に関する見通しなど、眺めている視野、景色が私などの想像を超えて広いのが安倍総理ですから、それを教えられることになる。そんなことが毎回だからです。

もちろん、安倍総理にしてもすべての草稿についていつも均一の力を込めるわけではなく、そこには当然重要性の濃淡があるわけですが、「これは勝負だ」というモノになると、本当に全身全霊を打ち込むのを見てきました。

米議会での演説、豪州議会でのスピーチ、真珠湾でのステートメントなどは、全人格を賭けて臨んだのです。私はそれを受け止めながら、震えるような感動を幾度となく覚えたものです。こういう、重要スピーチともなると、総理から、書き直しに次ぐ書き直しの指示が下りてきます。

その指示もいろいろで、「これは言う必要がないからやめよう」とか、「こっちをやめて別の話を持ってきてほしい」。「この次のことを考えて、今はここまでにとどめておこう」などといった内容に関わるものから、「順序を入れ替えて、後ろに書いてあるこの箇所を前にしたらどう？」、あるいは「谷口さん（と、相手が秘書官であれ私のような人間であれ、「さん」づけするのが安倍総理）の言いたいのはこういうことなんでしょ。だったらこっちにもってきて、こう言い直したほうがすっきり通るよね」などといったものまで。

こんなことを言われる私の心境を、想像してください。20歳代、記者になりたてのころ、「副編（デスク）」の前で、原稿にあれこれ指摘をされて尻尾《しっぽ》を丸めていたときの気分がよみがえります。こっぱずかしいような、といいますか。

ともあれそんなふうにしてできあがるスピーチ原稿は、重要なものになればなるほど、中身は当然のこととして、理屈の立て方から言葉の選択一つひとつに至るまで、すべてが安倍総理のものになるわけです。

スピーチをつくり上げる作業における総理の立場は、アニメ映画における監督のようなものだと考えればわかりやすいかもしれません。

アニメ映画は、すべての場面を監督自身が描いているわけではありません。絵コンテすら描かない監督もいます。全体のディレクションをするのが最も大切な監督の役割です。しかし、できあがったものについては、これは何某監督の作品であるとして、誰も疑わない。〝総理のスピーチ〟も、それと同じなのです。

皆さんの記憶に深く残っているスピーチとしては、例えば先ほども言及した2015年4月29日に米国連邦議会の上下両院合同会議で行った演説や、2016年12月27日のパールハーバー（真珠湾）におけるスピーチなどがあるでしょう。それらはいずれも、日本の歴史において節目となる演説でした。

私はそうした節目のスピーチに関わるたびに、（私は女でなく男なので）〝男子の本懐〟あるいは〝男子一生の幸せ〟を感じたものでした。しかし、そのスピーチに自分すなわち谷口智彦の署名があるとか、ハンコが押されているなどとかりそめにも思ったことは、ただの一度もありません。

それは前述したように、〝総理のスピーチ〟は、そのつくり方、中身の組み立て方、あるいは言葉の一つひとつまで、すべてが安倍総理の安倍総理によるものになっているからです。

本書では、そんな私が総理官邸の4階から見た、安倍総理の本当の姿を描いていくことにしましょう。

第1章

官邸4階から見た安倍総理

安倍総理を支える献身的な秘書官たち

私が主として担当しているのは、安倍総理のスピーチの中でも外交に絡む少し長めの演説草稿です。しかし、安倍総理がそれ以外にも、日々、実に様々なスピーチをし、発言していることは皆さんもよくご存じのところでしょう。例えば、国内向けの所信表明、施政方針の各演説、国会答弁、記者発表の冒頭発言など、その数は膨大です。ある意味で〝総理の仕事は言葉を発することだ〟と言ってもいいでしょう。政策は言葉として語られるわけですし、政治とは説得の術《すべ》なのだから当然といえば当然です。

そこで、総理の下には私以外にも、そうしたスピーチ、発言要領の原稿を書く仕事をしている人が1人、2人と存在し、はるかにたくさんの仕事を連日連夜こなしています。

なぜ1人、2人などと言うかといいますと、少し前までは秘書官直属の、とある若手官僚が主として担っていて、その彼があまりにも優秀なので、異例の人事として秘書官に抜擢《ばってき》されてからは、彼と、今度その彼の下についた別のある女性少壮官僚とが主に担う、というように、やや流動的だからです。

秘書官は、慣例的に政務担当1人、事務担当5～6名で構成されていますが、彼らは総理官邸の5階の、総理執務室に隣接する部屋に控えており、内閣総理大臣に常に

「形影相伴《けいえいあいともな》うごとく」付き従って、総理の所用にいつも先回りして備え、仕事を円滑にしています。

事務担当秘書官は、財務、外務、経産、防衛、警察各省庁からの出向となっており、彼らは自身の出身官庁と、さらにその周辺官庁との繋《つな》ぎを果たし、法案や答弁の準備と精査をします。警察は元内務省だからでしょうか、警察から来ている秘書官は、宮内庁などとのパイプになります。文科省は自分で秘書官を送れない役所の一つ。財務省から来た秘書官が、文科省との繋ぎをしています。

それ以外に、秘書官たちはもちろん総理の人間関係に通暁《つうぎょう》していないといけません。あれやこれや、文字通り「滅私奉公」、１年３６５日の務めが必要な仕事です。

今言っておきますが、これらの誰一人、やれ仕事が大変だの、休みがないだのと、愚痴をこぼしているのを見たことも、聞いたこともありません。ワークライフバランスなどと言うもおろか、仕事、仕事、仕事の毎日で、秘書官たちが愚痴を言わないというところ、ぜひ注目してください。それは彼らのボス＝安倍総理に由来するからです。

安倍晋三とは、と問われたとき、いろいろな答え方があり得ます。「仕える部下が、裏に回って決して『宮仕えは辛《つら》い』のなんのと、愚痴を言わない、いわんや、不平を言わない」、そんな人だと答えておきましょう。私もそれなりに生きてきて、社長と名のつく人には数百人くらい会い（記者時代）、政財官界、日本の内外でいろいろなリーダーを見てきましたが、安倍総理くらい、直属の部下が愚痴だの不平だのを言わない人物をほかに知りません。

ともあれ、対外向けの発言、スピーチの草稿づくりを担うのは、長年の伝統として、秘書官の中で、経済産業省から来る人の場合が多いようです。広報一般、例えばマスコミとの関係なども、経産省出身の秘書官が担当するならわし。世故に長《た》けているということか、「娑婆《しゃば》」の言葉が話せるということなのか。財務省出身でも、外務省出身でもなく、そこは経産省出身の秘書官が担うことになっています。

第一次安倍政権で経産省出身の秘書官についたのが、今井尚哉さん。

鉛筆で書いたメモのその文字はスラスラと達筆、なかなかに魅力的で、文字を手書きで書いてきた量の膨大さがそれでわかります。

学生時代は小説の習作をやっていたと、聞いたこともあります。

第二次政権の発足とともに、その今井さんは政務担当の秘書官になりました。

役所から来たままで公務員の身分の秘書官は、政治に一切携われません。自民党総裁としての総理の政治活動には、直接関われないわけです。となると、総理を全人的にお世話できるのは、今井さんただ一人でして、それが「政務担当秘書官」の重責です。

今井さんの場合、公務員には違いないけれど、政治活動が許される立場（早い話、総理大臣も公務員）に就いているからです。

この人については、なにかと毀誉褒貶《きよほうへん》があります。

おそらくは生来の、押し出しの強さをもっている。話の仕方がビシっと断定的で、反論を許さない感じ。かと思うと、ごくつまらないことにもドヤ顔をしたがる愛すべき面も含め、俗に言うところの強面《こわもて》タイプでしょう。

電話をしても、返事がない。ましてやメールには、なんの音沙汰もなし。まず接触するのがこの人の場合、大変だというところ、ぶつくさ文句を言う人が出てきます。

実はかく言う私も、ときどき今井さんと話をしたいとき、すぐに応じてもらえないのはイライラの原因になるのですが、あるときから、こう思うことにしました。

今井さんには、なにがないといって、およそ「私」がないのです。あるのはただもう、総理を盛り立てて、安倍総理に、駆け抜けられるだけ遠くへ駆け抜けていただこう、そのためならなんでもしようと思っている、その気持ちだけです。

私は、義経を守って険しい道行を共にする弁慶みたいだと、今井さんを評し、口にもしています。義経は敗北者。ですから比喩としては不適切ですが、弁慶さながら、なんなら矢を全身に浴びて立ち往生したってかまうものかというくらい、今井さんが思っていることは間違いがない。その迫力をもって、一切の私心なく尽くしているので、ぶつくさ言いながらでも、みな今井さんを認めるわけです。

今井さんは第一次政権で秘書官でしたから、2007年9月に安倍さんが突然辞任せざるを得なくなったときの無念さも共有しています。あのときは国を挙げて、「安倍晋三は弱虫だ」だの、果ては「へたれ」だのと悪罵《あくば》を飛ばしていた。そんな中、「ネバー・デスペア」と言った一人が今井さんなのでした。安倍総理との絆《きずな》の強さは、推して知るべしでしょう。

一方、自民党議員として長年安倍総理を支え続けている人物として、世耕弘成さん（現・経済産業大臣）がいます。トラックの狭い助手席に安倍さんと座り、8時間かけて東日本大震災の被災地に走った人。その世耕さんには、こんなエピソードがあります。

これはノーベル賞をとった山中伸弥さんから聞いた話です。世耕さんと山中さん、2人は中学、高校が同じで同学年、生徒会で世耕会長、山中副会長の仲です。世耕さんは、山中さんには本音しか言いません。で、その話というのが、「もし安倍さんに、命懸けてこいって言われたら、オレ死んでもいいって、そう思ってるんだよな」と世耕さんは言っていた、と。

安倍総理というのは、自身、私がない、おおやけのために骨惜しみせず頑張っている。しかも、周りを叱りつけたり怒鳴りつけるということがない。こういう人と長年付き合っていると、世耕さんのようなことを言いたくなる。それは私にもよくわかります。この私にしたところで、金銭欲、名誉欲、出世欲などと全然違う動機で、安倍総理にいつまでもお仕えしたいと思っているわけですから。ちなみに今の世耕さんの話ですが、山中先生曰《いわ》く、「でも結婚したら、パタっと言わなくなりましたけどね」という関西人らしいオチがつきます。それはそれ、微笑《ほほえ》ましいではありませんか。

安倍総理を支えている、安倍官邸を動かしている人たちの覚悟というか、総理の周りの結束力の強さを、お感じいただけるのではないかと思います。

第二次政権とスピーチライター

「自分のスピーチ原稿ぐらい自分で書けばいいのに」と思う人がいるかもしれません。しかしそれは、語弊を恐れず言うと、事情を知らない人の言うことです。

総理の発言というのは、言うまでもなく非常に責任を伴うものです。思いつくままを口にするわけにはいきません。必ず記録されて、いつ何を言ったかが、あとで蒸し返されます。それだけに、何を発言するにせよ、事前に準備しておかなければならないのです。

しかも前述した様にその量は膨大です。それでもスピーチを「自作」しようとすると、時間と労力の絶対的制約からして、ごく短いものを月に1本書けるかどうかでしょう。総理のように分刻みで朝から晩まで働いているような人間にそれをやれと言うのは、事実上、不可能を要求するのと同じです。

私は、安倍総理は時間さえ許すなら自分で原稿を書きたい人だと思っています。日ごろから接していて、どんな話題にでもひと通り以上の説明をできる人物なのを知っています。私が書いた原稿に注文をつけるときの「デスクワーク」も、前述しましたが常にツボをついてきます。何より、話題に応じて、自由自在に開く記憶の引き出しがあって、例証したい場合の材料などすぐに頭から出せる安倍総理の能力たるや、誰しもを驚かせるものをもっている。ですから時間さえ与えられるなら、きっとすばらしいスピーチ原稿を楽しんで書くタイプに違いないのですが、その時間が、総理にはありません。

およそ、世界を見回しても、スピーチライターのいない指導者は皆無と言っていいでしょう。スピーチライターの存在なくして、一国のリーダーとしての役割を果たすことはできないと言い切ってもいい。ところが日本では、第二次安倍政権発足に至るまで、明確な形でスピーチライターとしての役割を果たす人は存在していませんでした。

安倍官邸の場合の、経産省出身秘書官のように、安倍総理の思想、発想、話の節回しまで知り尽くしていて、安倍総理にすっかりなり代わって書ける人は例外中の例外で、役人でここまでになるには、本人の資質に加え、ボスと長年月をともに過ごすという時間の蓄積が欠かせません。そういう長期にわたる関係を、今までの短命政権に次ぐ短命政権は、持ちたくても持てなかった。これが、たとえ役人出身とはいえ、まともなスピーチライターが育たなかった一つの理由です。まして、外部から、専門のスピーチライターを雇った例はありませんでした。

それでも、幸か不幸か、なんとかなっていました。

なぜなのか。また安倍政権は、なぜその慣例を破らざるを得なかったのか。

「なんとかなっていた」理由というのは、内外環境が今と違ってもっと固定的だったところにあったでしょう。

世界の陣営が東西に分かれていた冷戦の時代、日本の国内政治にとっていちばんの課題は、資本主義を否定する勢力を一定以上に伸ばさせないことでした。

その一点をめぐって、社会党の穏健な勢力と自民党とは目的を共有でき、自民党は徐々に右派社会党の政策課題を取り込んで、福祉制度を充実させていったのです。

左派はというと、ベルリンの壁が崩れ、共産主義からイデオロギーとしての魅力がなくなってしまうはるか前から、ソ連と中国のどちらを支持するか、社会主義勢力がもつ核戦力は、容認していいのかどうか、革命は暴力によるのか、それとも議会を通じて可能なのか、はたまた現存する党組織との距離の取り方は、などといった問題で、現実離れした理屈の応酬とそれを材料にした権力闘争に明け暮れて、四分五裂でした。

いわゆる「知識人」たちを巻き込んだベトナム反戦の動きは一世を風靡《ふうび》したとはいうものの、もはや暴力的に政府を転覆しようとする動きではなく、静観しておけばよい類《たぐい》のものになり、というように、自民党政権にとって黙っていてもよい、あえてスピーチなどで非難攻撃するまでもないというのが、当時の左派の存在でした。

言葉がなくても済む、いや、いっそないほうが丸く収まった時代が、確かにあった。しかもその多くは、高度成長の時期と重なり、多少の問題や不満は経済成長によって抑えることができた幸運もあったわけで、そんな時代に昔気質の男性政治家たちを縛った行動準則は、「巧言令色鮮《すくな》し仁（たくみな話、うまい話は少なければ少ないほどよい）」の儒教的倫理でした。これは「アンチ・スピーチ」そのものの考え方です。

安倍政権は、そういう前提がすべて崩れたあと、新しい時代に現れた初めての本格政権です。そして出自こそ役人でも、長期政権になるにつれ、経産省から来た秘書官や、その部下といった人々は、安倍総理の発想、言葉遣い、声に至るまで、自分のものにして今日に至ります。もはや単なる役人ではない。安倍総理の、忠実な同伴者となった彼らには、「安倍節」のスピーチが書けるようになっているわけです。

米議会演説は岸信介以来初めて

思えば戦後日本の成長は、「いいとこ取り」を貫くうちに手にできたものでした。そこのところの正体をさらしたくなければ黙っていたほうが得策で、下手なスピーチなどしないほうがましと言える状況が長く続いたのです。

〝核の傘〟を米国に提供してもらい、その庇護《ひご》を受けるというのが、かつても今も、わが国の安全保障政策の大前提です。

憲法９条が一種の隠れ蓑《みの》になって、日本の兵隊は、国外に出ていって弾を撃つという経験を一度もしていません。われわれのサイズの軍事組織をもちながら、弾を一発も他人に当てず、またヒトの撃った弾に当たって死んだ兵士が一人もいない状態を自衛隊の発足以来70年近く続けてきたとは、天下の奇観でしょう。

それは幸せな、いいことだったと一応は認めたとして、いいも悪いも、アジアの実態はというと、朝鮮で、ついでインドシナ半島で、ソ連や中国を背後にもつ共産勢力と自由陣営の血で血を洗う戦争は、日本がめざましく経済を伸ばしていた間中、一時として休むことなく続いていました。

これを対岸の火事よろしく、日本が傍観していられたのは、米国（加えて豪州や、朝鮮では英国なども）が進んで汚れ役を引き受け、多くの若者に、あえて血を流させる選択をしてくれたおかげです（それなのに、「日本の平和は憲法９条があったおかげ」だと、反アベのおじちゃんおばちゃんたちは言う、なんたる論理の錯雑《さくざつ》、倒錯！）。

しかもその間のわが国の成長は、オモチャや繊維製品に始まりクルマや半導体に至るまで、日本製品の付加価値を高めることで、そのどの段階でもすべて米国市場に依存し、成し遂げたものだったのですから、これを対米関係における「いいとこ取り」と言わないで、なにをそう言うのでしょう。

１９７０年代が半ばに差し掛かるにつれ、米国が日本に対し不寛容になっていったのは、振り返るにつけ、いかにも無理からぬところがあったわけです。結果は激しい貿易摩擦に次ぐ貿易摩擦。なまなましく覚えておいでの方も、きっと多いことでしょう。

このことは、安倍総理の祖父、岸信介が実行して以来、安倍総理自身に至るまで、米国の議会で本格的なスピーチをした人が誰もいなかったワケについて、示唆を与えてくれます。「アメリカさん、ありがとう」などと米議会で言った日には、目が飛び出るほど高い請求書を回されるんじゃないか。そう思っただけで気後れし、歴代総理大臣たちは、ワシントンで議会に登壇しようなどと思いもしなかったのではと、私は想像するのです。

そのころアジアでは、中国は毛沢東が亡くなった１９７６年まで、「文化大革命」という名のすさまじい権力闘争でひたすら内攻中でした。韓国では、１９６５年に結んだ日韓基本条約によって日本から得た有償・無償5億ドルの援助を当時の大統領、朴《パク》正熙《チョンヒ》が上手に使い、経済成長を軌道に乗せ始めたのが、やはり80年代前後。でも70年代までは、「春窮」といって、種もみまで食べ尽くした農民の中から春になると一定数餓死者を出すという現象が続いていた。それが当時の、韓国の状況です。

　日本はそんなアジアで、産業化、民主化の度合いにおいて、また経済力それ自体の規模においても、比較を絶する存在でした。比類のなさたるや、地域独占大企業さながら、競争者など皆無なのですから、あえて、自分とは何者か、私は何を考えて暮らしているのかと、言葉に出して他人様《ひとさま》に説明する必要をあまり感じなかったといっていいでしょう。つまりここでも、巧言令色、多弁を弄する必要など、さらさらなかったというわけです。

　これらの前提条件が、過去四半世紀の間に全部変わってしまいました。

新しい環境、条件をつくらなくてはならないその時期に、初めて現れた本格政権が、安倍政権だったのです。

　変化の著しい特徴としてはまず、民主主義、基本的人権、法の支配といった価値の旗印が、日本外交全体の旗幟《きし》（のぼりばた）になったことが挙げられます。戦前から数えるべきでしょうが、仮に戦後だけを考えたとしても、日本の民主主義は風雪を経て、成熟してきたという認識が、その背後にはあります。

　宮澤喜一、加藤紘一といった政治家には、日本が民主主義でございます、自由を重んじる国なのですというと、頬が引きつるようなところがあった。民主主義の未熟あるいは失敗が、勝ち目のない戦争に日本を引っ張り込んだことに強い自責の念があって、鏡に映った自分の姿かたちを、正視できないような気後れを共有していたのが、彼らの世代です。この世代は、自分たちの国はいい国なんだと言ったり思ったりすることは知識と教養ある人間のすべきことではない、というへんてこりんな物の見方を共有していた。

安倍さんにはそんな、自分自身への照れはありません。とどのつまり、どの国のどんな民主主義だって、完璧ではない。早い話が、民主主義と人種差別、民主主義と帝国主義あるいは植民地主義は、長いこと幸せな婚姻関係にあったじゃありませんか。日本の民主主義にしたって、不完全な部分はあれこれあるでしょう。けれども相対的に見て、もはやその暖簾《のれん》にも風格が出てきた。民主主義諸国の中で、押しも押されもせぬ老舗の一角を占めています。安倍総理は、そこを等身大で認識する初の宰相です。

米国の覇権は、かつては超絶、万邦《ばんぽう》無比の屹立《きつりつ》した存在でしたが、もはやそうではありません。日本が米国を必要とするのと同じくらいに、米国も日本を必要としている。西太平洋からインド洋にかけては、日米が一体で動いてこそ普遍的価値の守り手として役割を果たせます。でも日本の側にそういう準備、心の準備も体制の準備もあるということは、言葉に出して言わない限り、わかってなどくれません。日本の言葉は、フィリピン、ベトナム、シンガポール、なにより豪州やインドがいつも注視し、日本と組めるかどうか判断する材料にしようとしています。

それやこれや、日本外交は、今が戦後最も言葉を求められている時期なのだと思います。繰り返しますがそのとき安倍総理は、はっきりとモノを言うことで、日本の立ち位置を次々決めていく路線をとったのでした。

戦後日本の成長は、国民一人ひとりの努力の積み重ねがあったからこその賜物《たまもの》です。日本人は持って生まれた勤勉さを武器に、それぞれが努力して豊かさを手にしてきました。その結果、日本は世界でも類を見ないほど〝中産階級〟が占める割合が多い国となりました。日本の強みは、無名の大衆が努力を惜しまない人々だというところにあることを、安倍総理は一度として疑ったことがないでしょう。

そんな日本の善男善女が、50年経《た》っても胸を張って生きていける国にする。少なくともそのための土台をしっかりとつくる。安倍総理を突き動かす使命感は、そういうものだと思っています。

「希望の同盟」演説に鬼気迫る打ち込み

スピーチのもつ意味が、安倍政権においてひときわ高まってきた事情を、おわかりいただけたと思います。

スピーチとは、状況に応じて、達成すべき目標が明示的、あるいは黙示的にあって、そのために原稿にいろいろなシカケ、企みを込めたものです。

想定する聴衆も、目の前にいる人たちだけでなく、重要な利害関係先を含みます。ワシントンで米国政治家たちに話しているのだとしても、強く意識しているのは、北京だったり、モスクワだったりする、ということがあるわけです。

読むならそういう、シカケにおいて周到なものを読まないといけません。しかも効果を十二分に発揮できるよう、聞いている人たちを感動させて、その感動が評判になって人の口の端にのぼる、というようにならないと、やる意味がありません。そして、それには十分な準備が必要だということになります。

世間には、スピーチを読むこと自体を恥ずかしがったり、なんとか読んだとしてもわざと抑揚をつけず、淡々と読んで「枯淡《こたん》の域に達してますね」と言われたがったりする御仁が少なからずいます。言葉で生きているはずの政治家にすら、時として見かけられます。

しかもそれが英語となると、練習のため格闘している自分の姿に自分で照れたり（こういう人がとても多い）、もともと英語に引け目があって、それが邪魔してうまくできず、うまくできないとわかっているからますます尻込みするという人が、稀《まれ》ではありません。

政治家をはかる一つの尺度は、彼または彼女を米国なら米国の要人の前に置いてみて、妙に縮こまったり、反対に、不自然につっぱらかって、やけに背伸びして見えないだろうか想像してみることです。この際、言葉ができるかどうかは、あまり関係ありません。

自然体で振る舞えない輩《やから》は、経験不足か、自己愛と自意識の過剰か、またはその両方です。安倍総理が誰と会ってもいつもと同じ安倍総理で、背伸びも、萎縮《いしゅく》もしていないことは、全国民が見て知っているはずでしょう。

私が安倍総理を観察していて常々感じ入るのは、目的のため必要だとなると、その達成のための努力を惜しまないことです。必死に練習しないと読めない難しい原稿なら、カッコよかろうが悪かろうが、ヒトにどう見られようとも、練習の鬼になるその覚悟のほど。そこは、徹底しています。

「あの、あれ、できた？　できてるところまででいいから、うん」

そう総理が息せき切るように言ったのは、米議会演説の、練習用テープです。

英語でスピーチするとなると、総理はいつも、不肖・谷口が吹き込んだカセットテープに合わせて繰り返し繰り返し練習します。

スピーチとは高度な話芸です。声帯を震わせて空気に振動を与え、それが聞き手の鼓膜を揺すって、電気信号に変わり、聞き手の脳のどこかに届いてそれが言語に逆翻訳されるという、手間暇かけた作業をして、ようやくできるという、それがスピーチです。

映画も、一人、スマホで見るのと、暗い劇場にわざわざ足を運んで、一つの空間にいる人たちと感動の時間をともに過ごすのとでは、体験の濃度が変わってきます。

スピーチもあれと同じ。会場にいる様々な人たちに、一つの感動経験を共有してもらってこそ実施する価値があるわけで、それをあらかじめあきらめるのだったら、最初からスピーチなどせず、整理した論点を一枚紙に記して渡したほうが、時間の節約になります。唾液の節約にも。

ですからお渡しするテープは、音の高低というトーンコントロール、大小というボリュームコントロール（オーディオ機器にたとえるなら、の話）をしっかり意識したものにします。笑いは適切な「間《ま》」から生まれるので、どこにどんな「間」を入れるかも、わかるようにしてつくります。

安倍総理は、スマホなどに録音したものでなく、昔からあるカセットテープと、その再生機をお好みです。繰り返し再生するのに、「キュルキュルキュル」と巻き戻せるテープのほうが楽だからという理由です。

気をつけるのは、一つひとつの発音がどうのより、そういう間のもち方や声のコントロールです。あとはイントネーション。アメリカ人のネイティブスピーカーに録音してもらうより、日本人が日本人向けにつくった音声材料のほうがいいだろうというのが私の見解ですが、そう思うようになったのも、総理がどれだけ練習に必死か何度か垣間《かいま》見てきたからかもしれません。

２０１５年の米議会演説は、40分という長尺でした。それ以前のものは長くてだいたい20分でしたから、倍の長さです。それを総理は、どうやら夜、寝る前に寝室で、私のテープを再生させながら、繰り返し、繰り返し、練習したらしい。

風呂上がり、バスタオルを腰に巻いただけ、ということもあったようなのですが、ともあれ総理夫妻の寝室に、愚生の愚声が響き渡るという夜が、幾晩も、幾晩も続いたようなのです。ですから昭恵夫人はのちに曰《いわ》く、「タニグチさんの声が、大きいのが聞こえてね。ワタシまで覚えちゃいそうだったの」と。

これで私は、先にベッドにもぐり込んだ昭恵さんが、夫である総理の練習風景を、「やかましいわね」と思いながらも目を細めて見ていた様子が想像できるようだと思いました。

良い機会なのでここで言っておくと、外遊先で宴席に並んで座るようなとき、２人は携帯（総理の場合はガラケー）でお互いの写真を撮り合ったりしています。あとにも述べる機会があるかもしれませんが、子供をつくれず昭恵さんは支持者から心無い言葉を投げつけられたりしたこと、２人で試みた不妊治療も不首尾だったこと、一方で晋三さんが病気で総理の座を退かざるをえず、全国民から負け犬だの、弱虫だのと言われたとき、まだ若いんだ、自分のキャリアは自分でつくろう、と昭恵さんが先に立ち上がり、歩みを始め、晋三さんは妻のその「背中」を見て励まされたこと、といった経験を、2人はもっています。辛いこと、悲しいことを、一緒に乗り越えてきた仲です。そんな2人は、第一次政権で北京を初訪問先としたとき以来、飛行機を降りるとき手を繋ぎます。そうするようにと麻生さんを通じてお勧めしたのは不肖この私だったこと、今明かします。

それにしても、私は総理の、鬼気迫る練習に、たびたび心打たれました。

米国に向かう政府専用機の機内でも、総理は私とごく少数の秘書官たちが見守る中、「あと1回やろうか」、「じゃ、あともう1回」と、何度も読み上げ練習をしたのです。古いボーイング747ジャンボでした。機内は乾燥していて、持ち込んだ本の表紙を反り返らせたりするほどです。そんな中、声を張り上げ続けていると、きっと咽喉《のど》を傷めると思った私は、総理にそう申し上げた。

すると総理は、「ホラ選挙になったらね、一日中、声、張り上げるでしょ。それで鍛えてるから、ノドは強いんだよ」と、そこは思い切りドヤ顔でした。

練習は、ホワイトハウスの向かいにある迎賓館「ブレアハウス」でも、書斎のようになっている部屋を使って続きました。客室係の男女は、その様子をちらちら見ていましたが、総理はやはり、お構いなしです。

そんな様子を知ったバラク・オバマ大統領（当時）は、さすが演説の能力一本でのし上がった人ですから、練習の大切さを知っていたのでしょう。真率《しんそつ》そのものの態度で練習に臨む安倍総理の様子を聞いて、安倍晋三という人物の本質を、そこに垣間見たと思ったのだと思います。安倍総理のことを、好きになった様子がありありでした。

そこまで打ち込んで練習し、いざ本番、奇《く》しくもそれは先帝陛下御誕生の日、4月29日。昭和の時代を彩った米国とのいきさつのあれこれを回顧すべくして、これ以上ないというくらいのふさわしい日に、安倍総理は演説を、あえて祖父を引用しながら、切り出したのです。

〈議長、副大統領、上院議員、下院議員の皆様、ゲストと、すべての皆様、1957年6月、日本の総理大臣としてこの演台に立った私の祖父、岸信介は、次のように述べて演説を始めました。「日本が、世界の自由主義国と提携しているのも、民主主義の原則と理想を確信しているからであります」。以来58年、このたびは上下両院合同会議に日本国総理として初めてお話する機会を与えられましたことを、光栄に存じます。お招きに、感謝申し上げます〉

（全文は61ページ～参照）

「民主主義の原則と理想を確信しているからであります」という岸の言葉を朗々と謳《うた》い上げたとき、思惑通り、最初の大きな拍手が来て、幸先の良い始まりに安倍総理は笑みを浮かべました。

岸信介の引用によって始めることに、安倍総理には強い思い入れがありました。

3つの事情が、そこには介在していたと思います。

日米を繋ぐ安全保障条約は、吉田茂がその最初の姿を形にし、岸をまって、ようやく米国が日本の防衛責任を条約上の明確な義務として負うようになったものです。条約上の義務だということは、米国憲法上の義務だということと法律的には同じ意味です。岸は、もし米軍が日本を守らなかったら、それは直《ただ》ちに米国憲法に違反する事態になる、というところまで安保条約の役割を強くしたのです。

まさしく、日本の安全を保障する強固な礎《いしずえ》は、岸をもって初めてできた。それがあっての、今日に至る日本の繁栄だったし、日米関係の安定だったのだと、安倍総理には強く思うところがあったでしょう。そこが、第一点です。

第二は、にもかかわらず、岸の評価は依然として内外で公平とは言えません。訴追されず、したがって無実の認定がくだったとはいえ、一度は「戦犯」扱いされ、巣鴨プリズンに収監された。日本の左翼進歩派と、それと相通じ合う米国や英国の左翼学者たちには、いまだにそこをくだくだしく取り上げ、岸に国粋主義者、国家主義者、極右、などといった否定的なレッテルを張りつけたがる向きが少なくありません。冒頭、岸を引用し、なおかつ最初の盛大な拍手をそこで勝ち取ったということは、岸に対する正当な名誉回復を企図し、成功したということでもありました。それが、第二点。泉下の岸も、可愛がった孫からこんな形で追善されようとは、もって瞑《めい》すべしです。

第三点として、岸が「民主主義の原則と理想を確信している」と述べたとき、そこに込めた万感の思いが、正統なる後継者と自ら任じる安倍総理には曇りなく理解できたということがあったでしょう。

岸が演説した１９５７年というと、戦後、わずかに12年です。焼け跡の荒廃こそおおかたなくなっていたとはいえ、ほとんどの家庭には冷蔵庫、洗濯機、掃除機などが入っていません。上下水道の整備も、まだまだでした。道に釘など落ちていようものなら、子供たちは拾い集めて学校や業者にもっていったのです。それがいくらかの小遣いになりました（私の子ども時代はまだそうでした）。

総理官邸は毎日のようにデモ隊の嵐に襲われ、岸こそは反民主主義の権化だと叫ぶシュプレヒコールに満たされていた。

経済的には米国と比べるのも烏滸《おこ》の沙汰という弱小貧乏国。国内政治の文脈では、オマエくらい非民主的政治家はいないとまでさんざん非難されていた。

岸はそんな時代に、最強の大国米国に乗り込んで、アイゼンハワー大統領とサシの交渉に臨み、日本の防衛責任を取り付ける、そのかわり、基地の提供を確約するという世紀の取引に打って出ようとしていたわけです。

岸の演説は、折から厳しさを増しつつあった東西対立の中、日本は決して米国の陣営を去らないということ、どころか、その力強い支え手になるのだということを、米国政治のど真ん中で、誤解の余地なく明確に印象づけるというその一点に、企図を集中したものでした。安倍総理には、岸がこのとき、岸自身にあったかもしれないありとあらゆる米国に対する雑念や複雑な心境を脇に置き、日本の統治者として何が最も合理的で、国益にかなうかの判断に立ってワシントンに乗り込んで、力強い言葉を連ねた演説までしたその勇気、決断力とその重みが、我が事のようにわかったのだと思います。

そこから、自分の演説の歴史的意味が、直ちに理解できたことでしょう。

これから先、日本は米国とともに歩く。そうすることが、1957年に正しかったと同様、2015年にも最も正しい選択なのだということを、米国で米国民に、日本の日本国民に、ひいては英国や豪州、インドの人々に、日本が下す決断として、明々白々、理解させるという一点。そこに、総理はスピーチの目的を集中させたのでした。でなければ、「希望の同盟」という、思い切って明るい言葉を全体のモチーフにしようとは思い至らなかったでしょう。それはまさしく、日米同盟のベクトルを、思うさま未来に振り、それでこそ手にできる明るい色彩で、同盟の意義とイメージを一挙に塗り替えようとする試みだったと言えます。

ちなみにもうお気づきの通り、トーンも言葉も、キーフレーズはもとより、逐一安倍総理から出てきたものでした。私がもしささやかに誇りとすることを許されるとするなら、それは、総理の書き直しの命令に嬉々《きき》として従い、寝る間を惜しんで19回の修正をやりおおせたことや、それが総理との一種の対話のプロセスになり、総理自身が問題意識をぐいぐい尖鋭《せんえい》にしていくところを、この目で垣間見られたことでしょうか。

外交官として、外交史家として生き、安倍総理が集団的自衛権を一部可能とするまで漕ぎ付けたのを見届けたところで亡くなった岡崎久彦さんは、日本の道にはその地政学的要件からして、昔も今も、この先も、基本的に陸に行くか、海を歩むかで大きく2つに分かれるのだと言っていました。陸に行くと、いつも道を過つ。海に行くと、ひろびろと開けた光景の中、過たずに歩んでいけると、しばしばそう言っていた。

誰か一人、安倍総理の外交観に影響を与えた人物を挙げるとするなら、私は岡崎さんに指を屈します。その薫陶をしばしば受けたことへ安倍さんらしく抑制の利いた筆致をもって捧《ささ》げた謝辞は、岡崎さんの没後に出た最後の書『国際情勢判断半世紀』（育鵬社・2015年）の巻頭を飾っています。

米議会の演説とは、岡崎流に言うなら、これからも日本は「海の国」として、民主主義海洋国家の勢力、とりわけ米国と、がっちり手を組んで行くんだ、それ以外、理に適《かな》った道などないんだということを、満天下に明白にすることだったのだと、時の経過とともに、私はますますそう強く思うのです（演説の直後、その点を見抜いた炯眼《けいがん》の持ち主は、元『文藝春秋』編集長でコラムニストの堤堯氏ただ一人でした）。

世の中には、右、左を問わず、米国が好きになれない、いや、はっきり言って嫌いだという人たちがそれなりの数、存在します。もはや我が事として語れる話ではないのに、東京大空襲や広島、長崎の原爆を持ち出して、恨みを言う人もいる。そのあまり、中国のほうが話がわかるのではないかと思う人は、米国との関係をすっぱり切るべしとする度胸がないものだから、「米中との等距離の関係、三国の、正三角形の関係」などを時として打ち出します。小沢一郎、鳩山由紀夫のご両所が、この意見だったのは記憶に新しいところです。

そこへ行くと安倍総理の場合、日米関係は好悪の民族的記憶だとか、いわんや個人的感情で論じたり、扱ったりすべきものではないと、はっきりしています。総理自身、若い時分の米国との関わりにはほのぼのさせる良い思い出が多く、米国と米国人、その文化を好もしく思っていることは間違いのないところですが、好きか嫌いかで、国益のかかった日米関係など絶対に扱うべきではないのです。それが、後にも触れますが、安倍晋三という政治家における「治者の眼」です。

繰り返しになりますが、安倍総理は、祖父の岸信介こそは、好悪や愛憎の関係を超越した高みに立って、日本の国益に関して過たない判断をした先駆者だったと思っていることでしょう。孫である自分が、偉大な祖父の足跡を歩んでいるんだと思うと、キャピトルヒルの議事堂に立ったとき、武者震いがこみ上げてきたに違いないと思います。またそれを予感すればこそ、練習、練習、また練習に明け暮れる数週間を送ったのでしょう。

こんな逸話もありました。いずれもこの、米議会演説に関わるお話です。

私は、安倍総理が日本語で演説をする場合、通訳のブースに入って同時通訳を手掛けます。ときどきアドリブ対応が必要なこともありますが、基本的にはできた原稿を総理に合わせて読むだけですから、同時通訳というより「アテレコ」ないしは「吹き替え」です。

男性の指導者による演説ですから、それらしく、男性の声で伝えるべきだというのが私の考えです。ところが「超」の字がつく一流通訳者は、その多くは女性です。例外は存在しますが、彼女たちは、ニュートラルな通訳をするように教育されてきていますから、芝居がかった読み方よりも、正確性を重んじたモノトーンな話しぶりになる。そこも私には、安倍総理には相応《ふさわ》しくないと思えて、通訳のブースに入り、安倍総理のスピードと寸分違《たが》わぬ速度で読んで、しかも音声のコントロールを利かせて劇的に盛り上げたり、しーんと静かになるよう促したりという技芸を試みるのを常としています。

いつしかそれが、不肖私の、趣味みたいなものになってしまいました。あのとき、議会演説の準備を始めたときも、総理が日本語で話すのだったらそれもよし、そのときこそは自分で通訳ブースに入り、米国政治家たちを感動の渦に巻き込んでやろう、などと、ひそかに期す利己心がありました。今、初めて明かしています。

実際、ワシントンでの評価が大変高かったメルケル独首相の演説は、日ごろメルケルさんは英語をまったく苦にしないはずなのに（ドイツ語と英語は親戚みたいなものなので）、全部ドイツ語で、それに同時通訳が吹き替えでかぶさるというものだったのです。

その前例を持ち出して、ひそかにわがままな期待を込めつつ、「どうなさいますか。日本語という手もあります」とお尋ねすると、間髪を容《い》れずとはあのときのことでしょう、「あ、英語でやろう」とのお答えだったのです。

私は安倍総理の人となりについて、改めて知る思いでした。もし選択肢を与えられ、一つは難しく、失敗のリスクをはらんでいるが、成功したときの成果はとても大きくなるというもの。もう一つは、あまり苦労なく実施でき、成果もそれなりのものを期待できるというオプション。この2つを示されたら、迷わずハイリスク・ハイリターンのほうを選ぶのが安倍総理だということを、です。

そして思いました。この負けず嫌いな性格は、おそらく生まれついてのものだろうから、にもかかわらず道半ばで総理の座を自ら断念せざるを得なかった無念は、いかばかりだっただろうか、と。そして、幸運にも与えられた2度目の機会なのだから、燃えて、燃えて、燃え尽きるまで駆け抜けたいと、そう思ったに違いない、ということを、でした。

それが練習、また練習へと、安倍総理を駆り立てた理由だろうと、私には思えます。そしてふと思うのですが、大勢が見ていようが聞いていようが、谷口なる者がダメ出ししたり、発音の矯正をしたりしているところまでいろいろな人に目撃されようが、安倍総理はまったく意に介しません。まったく気に留めないまま、大声を張り上げ身振りをつけて、練習、練習、また練習なのです。

もう一人、お仕えして、その気性についていくらか知るところがある麻生太郎副総理（兼財務大臣ほか）だと、きっとこうはなりません。

もともと、麻生さんは英語が達者です（世間はその逆を信じたがるようですが、発音やイントネーションで、麻生さんにアドバイスが必要だったことは一度もありません）。そんな事情があるかもしれませんが、それ以上に、ダンディでなければ男ではない、といった美学を貫く麻生さんにとって、死に物狂いで練習している様というものを自分でイメージできないのではないでしょうか。ちょうどあの長嶋茂雄が、素振りしているところを他人様に見せない理由を聞かれて、「だってぼく、長嶋だから」と答えたように。

比べて考えると、安倍総理の場合、目的に対してあくまでも合理的なのだと思います。練習が必要なら、練習するという、ただそれだけ。麻生さんや河野太郎さんほど英語が上手というわけじゃないのなら、倍も、3倍も、練習するのみ、といった割り切りです。それが、安倍総理にはある。

もう一つだけ、指摘しておくと、私たちが健康を心配しないといけないくらい、総理が練習することを、こうも解釈できるのではないか。

肉体的に多少きつかろうが、やっただけの収穫が得られるなら、それにまさる喜びはない、といった気持ちが、安倍総理には濃厚に漂っています。

若かったころ、まだ中学3年生のとき初めて発症した例の病気のせいで、おのが肉体を限界まで酷使し、その成果を確かめるといった経験は、還暦を過ぎた今になって、やっと安倍総理には味わうことができるようになったのです。忙しかろうが、どうだろうが、安倍総理が音《ね》をあげず、愚痴めいたことを微塵《みじん》も口にしないで、努力を惜しまないのは、そうすることがむしろ嬉《うれ》しくて、楽しくて仕方ないのだといった事情が、ありやしないかと思うわけです。

2015年4月29日 米国連邦議会上下両院合同会議における安倍内閣総理大臣演説

議長、副大統領、上院議員、下院議員の皆様、ゲストと、すべての皆様、

1957年6月、日本の総理大臣としてこの演台に立った私の祖父、岸信介は、次のように述べて演説を始めました。

「日本が、世界の自由主義国と提携しているのも、民主主義の原則と理想を確信しているからであります」。

以来58年、このたびは上下両院合同会議に日本国総理として初めてお話する機会を与えられましたことを、光栄に存じます。お招きに、感謝申し上げます。

申し上げたいことはたくさんあります。でも、「フィリバスター」をする意図、能力ともに、ありません。

皆様を前にして胸中を去来しますのは、日本が大使としてお迎えした偉大な議会人のお名前です。

マイク・マンスフィールド、ウォルター・モンデール、トム・フォーリー、そしてハワード・ベイカー。

民主主義の輝くチャンピオンを大使として送って下さいましたことを、日本国民を代表して、感謝申し上げます。

キャロライン・ケネディ大使も、米国民主主義の伝統を体現する方です。大使の活躍に、感謝申し上げます。

私ども、残念に思いますのは、ダニエル・イノウエ上院議員がこの場においでにならないことです。日系アメリカ人の栄誉とその達成を、一身に象徴された方でした。

私個人とアメリカとの出会いは、カリフォルニアで過ごした学生時代にさかのぼります。

家に住まわせてくれたのは、キャサリン・デル－フランシア夫人。寡婦でした。亡くした夫のことを、いつもこう言いました、「ゲイリー・クーパーより男前だったのよ」と。心から信じていたようです。

ギャラリーに、私の妻、昭恵がいます。彼女が日頃、私のことをどう言っているのかはあえて聞かないことにします。

デル－フランシア夫人のイタリア料理は、世界一。彼女の明るさと親切は、た

2015年4月29日、連邦議会上下両院合同会議で演説する安倍総理

くさんの人をひきつけました。その人たちがなんと多様なこと。「アメリカは、すごい国だ」。驚いたものです。

のち、鉄鋼メーカーに就職した私は、ニューヨーク勤務の機会を与えられました。

上下関係にとらわれない実力主義。地位や長幼の差に関わりなく意見を戦わせ、正しい見方なら躊躇《ちゅうちょ》なく採用する。

この文化に毒されたのか、やがて政治家になったら、先輩大物議員たちに、アベは生意気だと随分言われました。

私の苗字ですが、「エイブ」ではありません。アメリカの方に時たまそう呼ばれると、悪い気はしません。民主政治の基礎を、日本人は、近代化を始めてこのかた、ゲティスバーグ演説の有名な一節に求めてきたからです。

農民大工の息子が大統領になれる、そういう国があることは、19世紀後半の日本を、民主主義に開眼させました。

日本にとって、アメリカとの出会いとは、すなわち民主主義との遭遇でした。出会いは150年以上前にさかのぼり、年季を経ています。

先刻私は、第二次大戦メモリアルを訪れました。神殿を思わせる、静謐《せいひつ》な場所でした。耳朶《じだ》を打つのは、噴水の、水の砕ける音ばかり。

一角にフリーダム・ウォールというものがあって、壁面には金色の、4000個を超す星が埋め込まれている。

その星一つ、ひとつが、斃《たお》れた兵士100人分の命を表すと聞いたとき、私を戦慄《せんりつ》が襲いました。

金色《こんじき》の星は、自由を守った代償として、誇りのシンボルに違いありません。しかしそこには、さもなければ幸福な人生を送っただろうアメリカの若者の、痛み、悲しみが宿っている。家族への愛も。

真珠湾、バターン・コレヒドール、珊瑚《さんご》海、メモリアルに刻まれた戦場の名が心をよぎり、私はアメリカの若者の、失われた夢、未来を思いました。

歴史とは実に取り返しのつかない、苛烈《かれつ》なものです。私は深い悔悟を胸に、しばしその場に立って、黙禱《もくとう》を捧げました。

親愛なる、友人の皆さん、日本国と、日本国民を代表し、先の戦争に斃れた米国の人々の魂に、深い一礼を捧げます。とこしえの、哀悼を捧げます。

みなさま、いまギャラリーに、ローレンス・スノーデン海兵隊中将がお座りです。70年前の2月、23歳の海兵隊大尉として中隊を率い、硫黄島に上陸した方です。

近年、中将は、硫黄島で開く日米合同の慰霊祭にしばしば参加してこられました。こう、仰《おっしゃ》っています。

「硫黄島には、勝利を祝うため行ったのではない、行っているのでもない。その厳かなる目的は、双方の戦死者を追悼し、栄誉を称《たた》えることだ」

もうおひとかた、中将の隣にいるのは、新藤義孝国会議員。かつて私の内閣で閣僚を務めた方ですが、この方のお祖父さんこそ、勇猛がいまに伝わる栗林忠道大将・硫黄島守備隊司令官でした。

これを歴史の奇跡と呼ばずして、何をそう呼ぶべきでしょう。熾烈《しれつ》に戦い合った敵は、心の紐帯《ちゅうたい》が結ぶ友になりました。スノーデン中将、和解の努力を尊く思います。ほんとうに、ありがとうございました。

戦後の日本は、先の大戦に対する痛切な反省を胸に、歩みを刻みました。自らの行いが、アジア諸国民に苦しみを与えた事実から目をそむけてはならない。これらの点についての思いは、歴代総理と全く変わるものではありません。

アジアの発展にどこまでも寄与し、地域の平和と、繁栄のため、力を惜しんではならない。自らに言い聞かせ、歩んできました。この歩みを、私は、誇りに思います。

焦土と化した日本に、子ども達の飲むミルク、身につけるセーターが、毎月毎月、米国の市民から届きました。山羊《やぎ》も、２０３６頭、やってきました。

米国が自らの市場を開け放ち、世界経済に自由を求めて育てた戦後経済システムによって、最も早くから、最大の便益を得たのは、日本です。

下って１９８０年代以降、韓国が、台湾が、ＡＳＥＡＮ諸国が、やがて中国が勃興します。今度は日本も、資本と、技術を献身的に注ぎ、彼らの成長を支えました。一方米国で、日本は外国勢として２位、英国に次ぐ数の雇用を作り出しました。

こうして米国が、次いで日本が育てたものは、繁栄です。そして繁栄こそは、平和の苗床です。

日本と米国がリードし、生い立ちの異なるアジア太平洋諸国に、いかなる国の恣意《しい》的な思惑にも左右されない、フェアで、ダイナミックで、持続可能な市場をつくりあげなければなりません。

太平洋の市場では、知的財産がフリーライドされてはなりません。過酷な労働や、環境への負荷も見逃すわけにはいかない。

許さずしてこそ、自由、民主主義、法の支配、私たちが奉じる共通の価値を、世界に広め、根づかせていくことができます。

その営為こそが、ＴＰＰにほかなりません。

しかもＴＰＰには、単なる経済的利益を超えた、長期的な、安全保障上の大きな意義があることを、忘れてはなりません。

経済規模で、世界の4割、貿易量で、世界の3分の1を占める一円に、私達の子や、孫のために、永続的な「平和と繁栄の地域」をつくりあげていかなければなりません。

日米間の交渉は、出口がすぐそこに見えています。米国と、日本のリーダーシップで、TPPを一緒に成し遂げましょう。

実は、いまだから言えることがあります。

20年以上前、GATT農業分野交渉の頃です。血気盛んな若手議員だった私は、農業の開放に反対の立場をとり、農家の代表と一緒に、国会前で抗議活動をしました。

ところがこの20年、日本の農業は衰えました。農民の平均年齢は10歳上がり、いまや66歳を超えました。

日本の農業は、岐路にある。生き残るには、いま、変わらなければなりません。

私たちは、長年続いた農業政策の大改革に立ち向かっています。60年も変わらずにきた農業協同組合の仕組みを、抜本的に改めます。

世界標準に則って、コーポレート・ガバナンスを強めました。医療・エネルギーなどの分野で、岩盤のように固い規制を、私自身が槍《やり》の穂先となりこじあけてきました。

人口減少を反転させるには、何でもやるつもりです。女性に力をつけ、もっと活躍してもらうため、古くからの慣習を改めようとしています。

日本はいま、「クォンタム・リープ（量子的飛躍）」のさなかにあります。

親愛なる、上院、下院議員の皆様、どうぞ、日本へ来て、改革の精神と速度を取り戻した新しい日本を見てください。

日本は、どんな改革からも逃げません。ただ前だけを見て構造改革を進める。この道のほか、道なし。確信しています。

親愛なる、同僚の皆様、戦後世界の平和と安全は、アメリカのリーダーシップなくして、ありえませんでした。

省みて私が心から良かったと思うのは、かつての日本が、明確な道を選んだことです。その道こそは、冒頭、祖父の言葉にあったとおり、米国と組み、西側世界の一員となる選択にほかなりませんでした。

日本は、米国、そして志を共にする民主主義諸国とともに、最後には冷戦に勝利しました。

この道が、日本を成長させ、繁栄させました。そして今も、この道しかありません。

私たちは、アジア太平洋地域の平和と安全のため、米国の「リバランス」を支持します。徹頭徹尾支持するということを、ここに明言します。

日本は豪州、インドと、戦略的な関係を深めました。ASEANの国々や韓国と、多面にわたる協力を深めていきます。

日米同盟を基軸とし、これらの仲間が加わると、私たちの地域は格段に安定します。

日本は、将来における戦略的拠点の一つとして期待されるグアム基地整備事業に、28億ドルまで資金協力を実施します。

アジアの海について、私がいう3つの原則をここで強調させてください。

第一に、国家が何か主張をするときは、国際法にもとづいてなすこと。第二に、武力や威嚇《いかく》は、自己の主張のため用いないこと。そして第三に、紛争の解決は、あくまで平和的手段によること。

太平洋から、インド洋にかけての広い海を、自由で、法の支配が貫徹する平和の海にしなければなりません。

そのためにこそ、日米同盟を強くしなくてはなりません。私達には、その責任があります。

日本はいま、安保法制の充実に取り組んでいます。実現のあかつき、日本は、危機の程度に応じ、切れ目のない対応が、はるかによくできるようになります。

　この法整備によって、自衛隊と米軍の協力関係は強化され、日米同盟は、より一層堅固になります。それは地域の平和のため、確かな抑止力をもたらすでしょう。

　戦後、初めての大改革です。この夏までに、成就させます。

　ここで皆様にご報告したいことがあります。一昨日、ケリー国務長官、カーター国防長官は、私たちの岸田外相、中谷防衛相と会って、協議をしました。

　いま申し上げた法整備を前提として、日米がそのもてる力をよく合わせられるようにする仕組みができました。一層確実な平和を築くのに必要な枠組みです。

　それこそが、日米防衛協力の新しいガイドラインにほかなりません。昨日、オバマ大統領と私は、その意義について、互いに認め合いました。皆様、私たちは、真に歴史的な文書に、合意をしたのです。

　１９９０年代初め、日本の自衛隊は、ペルシャ湾で機雷の掃海に当たりました。後、インド洋では、テロリストや武器の流れを断つ洋上作戦を、10年にわたって支援しました。

　その間、５万人にのぼる自衛隊員が、人道支援や平和維持活動に従事しました。カンボジア、ゴラン高原、イラク、ハイチや南スーダンといった国や、地域においてです。

これら実績をもとに、日本は、世界の平和と安定のため、これまで以上に責任を果たしていく。そう決意しています。そのために必要な法案の成立を、この夏までに、必ず実現します。

国家安全保障に加え、人間の安全保障を確かにしなくてはならないというのが、日本の不動の信念です。

人間一人ひとりに、教育の機会を保障し、医療を提供し、自立する機会を与えなければなりません。紛争下、常に傷ついたのは、女性でした。私たちの時代にこそ、女性の人権が侵されない世の中を実現しなくてはいけません。

自衛隊員が積み重ねてきた実績と、援助関係者たちがたゆまず続けた努力と、その両方の蓄積は、いまや私たちに、新しい自己像を与えてくれました。

いまや私たちが掲げるバナーは、「国際協調主義にもとづく、積極的平和主義」という旗です。

繰り返しましょう、「国際協調主義にもとづく、積極的平和主義」こそは、日本の将来を導く旗印となります。

テロリズム、感染症、自然災害や、気候変動。日米同盟は、これら新たな問題に対し、ともに立ち向かう時代を迎えました。

日米同盟は、米国史全体の、4分の1以上に及ぶ期間続いた堅牢《けんろう》さを備え、深い信頼と、友情に結ばれた同盟です。

自由世界第一、第二の民主主義大国を結ぶ同盟に、この先とも、新たな理由付けは全く無用です。それは常に、法の支配、人権、そして自由を尊ぶ、価値観を共にする結びつきです。

まだ高校生だったとき、ラジオから流れてきたキャロル・キングの曲に、私は心を揺さぶられました。

「落ち込んだ時、困った時、目を閉じて、私を思って。私は行く。あなたのもとに。たとえそれが、あなたにとっていちばん暗い、そんな夜でも、明るくするために」

2011年3月11日、日本に、いちばん暗い夜がきました。日本の東北地方を、地震と津波、原発の事故が襲ったのです。

そして、そのときでした。米軍は、未曾有の規模で救難作戦を展開してくれました。本当にたくさんの米国人の皆さんが、東北の子供たちに、支援の手を差し伸べてくれました。

私たちには、トモダチがいました。

被災した人々と、一緒に涙を流してくれた。そしてなにものにもかえられない、大切なものを与えてくれた。

希望、です。

米国が世界に与える最良の資産、それは、昔も、今も、将来も、希望であった、希望である、希望でなくてはなりません。

米国国民を代表する皆様。私たちの同盟を、「希望の同盟」と呼びましょう。アメリカと日本、力を合わせ、世界をもっとはるかに良い場所にしていこうではありませんか。

希望の同盟。一緒でなら、きっとできます。


（総理官邸ホームページより）

「ボーンアゲイン」、二度目の生を生きる

今一度、総理の持病・潰瘍《かいよう》性大腸炎に話を戻しますと、安倍総理自身が主治医（日比紀文《としふみ》氏）との対談で語っているところ、「中学3年生の時、腹痛の後に下痢と血便が続き、便器が真っ赤に染まってびっくりしました。高校生になってからも年に1回くらい同じ症状が起」きるという状態だったといいます。

いま引用しているのは、日本消化器病学会刊『消化器のひろば』２０１２年９月１日刊・創刊第1号に載った安倍総理と主治医・日比氏の対談ですが、ここでの総理は自身の病歴について極めて率直です（率直さは安倍氏の真骨頂で、この対談によく表れている）。

「なぜか【初当選を目指した初陣選挙でなく】２回目（１９９６年）の選挙のほうで大変つらい思いをしました。たびたび強い便意が起こるのですが、選挙カーからおりるわけにはいかないので脂汗をかいて我慢していました。本当に苦しかったですね」と語る安倍総理は、続けて、「最大の危機は１９９８年、自民党国会対策副委員長を務めていた時」だったのだと言います（【　】は著者注、以下同）。

「点滴だけの生活が続き、体重は65キロから53キロに減り」、「政治家の進退を賭けて慶應病院へ３カ月入院」したのだと。

「政治家は志を遂げるために自分の病気は徹底して秘匿しなければなりません。病気は大きなマイナスです。家内の昭恵は『政治家なんか辞めてください』と涙ながらに訴えるし、身近な人は病気を公表して政界からの引退を勧めましたが、私は治療の結果で決めようと考えていました。腸の全摘手術も検討され」たのだと言います。相当の覚悟のもと、ギリギリの選択をした時期があったのがわかります。

続けて、とても重要なことを明かしているのです。しばらく引用します。

「【注腸療法という治療が】よく効いて寛解状態が続き、幹事長【中略】、官房長官の要職を充実した思いで果たすことができました。これなら総理大臣への挑戦も可能だなと考え、自民党の総裁選に出て勝ち、2006年9月、総理大臣になりました。ですが総理大臣は想像していたより何十倍もの激務でした。機能性胃腸症にかかり、お粥《かゆ》と点滴で栄養補給しながら、海外諸国を訪問するようなありさまでした。結局、海外でかかったウイルス性腸炎のため、持病は最悪の状態になり、回復の兆しはございません。所信演説でのミスなどもあり、そこで私は記者会見で潔く辞意を表明しました。病気のことは後になって公表しました」

と、言うのです。これが、あのときの、総理自身によるありのままの現実だったというわけでした。これに対して日比医師が「現在【2012年秋、つまり二度目の総理就任直前】の健康状態はいかがですか」と問うと、安倍氏はこう言っています。

「アサコールという飲み薬が画期的に効いて寛解状態が続き、『また悪くなるのでは』との懸念がなくなり、精神状態も本当に楽です。CRP（炎症反応）検査値はゼロ、内視鏡検査の結果は『何もない』。この40年間で初めての『何もない』状態です」

右の引用にある「この40年間で初めての『何もない』状態」だというところ、よくよく想像してみてください。どんなにか、晴れやかな気持ちになっただろうか、と。

20歳前後のころからずっと見えなかった青空が、初めて透き通ったようなコバルトブルーになって現れ、気力の充実は、まるでそれこそ20歳の青年みたいになった。

私は、それが安倍総理に訪れた常人では感得できなかった心境だろうと思います。還暦に差し掛かると、20歳のころできたあれやこれや、みんなできなくなって初めて本格的な老いを自覚するのが普通の人に起きること。それと正反対で、安倍総理の場合、青年期がもう一度、本格的に来たみたいなことになっている。気持ちが強くなるはずなのです。

「二度目の生を享けた人」、「ボーンアゲイン」の人。それが安倍晋三という政治家の強さを説明するとき、とても重要な要素だと私は信じて疑いません。

そんな人ですから、安倍総理には力の出し惜しみをするつもりがまったくありません。健康体は、天が与えてくれたご褒美のようなもの。それを存分に活用して、おおやけのため、国家、国民のため、燃焼して、し尽くそうと思ったに違いありません。私は、ここを理解できないと、安倍総理の覚悟がどこから由来するか、なかなかわからないのではないかと思うのです。

それにしても、先に引いた主治医との対談で、安倍総理は「私は病状が悪くなるたびに効果の優れた新薬が登場してきて病気を治してくれ、政治生命をどんどん延ばしてくれ」たと冗談めかして話しており、生来の楽天家ぶりをはしなくも表しています。

とはいえ、一時は腸を全部摘出することまで考えたというのですから、想像するに、症状が悪化すると、ほかのことを考えてなどいられなくなる時期がしばしばだったのじゃないでしょうか。発症パターンが気まぐれで、いいときはちっとも問題がない。でもいつ悪化するかわからないというのでは、本人の意思はどうあれ、考え方も、どこか刹那《せつな》的になるというように、影響を免れなかったのではないかと想像します。

というのは、第一次政権で総理の座にあった2006年から07年にかけてのほぼ1年間のこと。あれも、これも、と少し欲張りすぎた政権運営に、「元気なうちになんとか」という焦りの気持ちがありはしなかったかと思えるからです。

あのとき、安倍総理は次々大改革を手掛けました。今にして思えば、追い立てられるような様子だった。

戦後初めての「教育基本法改正」(2006年12月に公布)を実現しましたし、2007年1月には防衛庁を防衛省に昇格させ、5月には憲法改正に必要な国民投票の手続きを定めた「国民投票法」(日本国憲法の改正手続に関する法律)を成立させる、といった改革の数々です。

しかしその一方で、閣僚による不適切発言や、安倍総理自身と浅からぬえにしがあり、農政改革を託した当のその人でもあった松岡利勝農相を失う(自殺によって)などといった事態が重なって、支持率は低下、ついに7月の第21回参議院議員通常選挙で自民党は惨敗を喫します。それでもなお安倍総理は続投を目指しましたが、刀折れ、矢尽きるという状態になったのは、先ほどの引用で本人が率直に語っていた通りです。

これはのちに、当時駐日インド大使をしていたヘマント・シンさんから聞かされた話です。安倍総理は夫人の昭恵さんを伴って、２００７年の夏、インドを訪れました。首都デリーの国会で今でも語り草になっている演説（「二つの海の交わり」）をしたあと、パール判事（東京裁判で勝者の裁きに反対する少数意見を述べた）ゆかりのベンガル地方に飛んだのですが、夫人同士ということで昭恵夫人の日程に同行していたシン大使夫人のムリナリニさんは、夫の病状に胸をいためて涙を見せる昭恵さんの手をとって、慰めたというのです。そのくらい、安倍総理の病状は悪化していたということを、当時知る人は多くありませんでした。

２００７年9月12日。前々日、第１６８回国会開会の日に所信表明演説を読んだばかりというのに、安倍さんは会見を開き、退陣を表明しました。翌13日に、長年の主治医がいた慶應義塾大学病院（東京・信濃町）に緊急入院、医師団が発表した所見によると、「検査の結果、胃腸機能異常の所見が見られ、かなりの衰弱状態にある」とのことだったわけです。

「そんなに悪かったのか」と、素直に驚き、安倍氏に同情を寄せた人はごく少数でした。「体にそんな爆弾を抱えながら総理をやろうとは、無責任極まる」。「しょせんはお坊ちゃん育ちのひ弱な体。激務に悲鳴をあげたってことだろう」。多数意見は、あくまでも非同情的、あからさまに冷たいものだったことは、まだ記憶に新しいところです。

安倍総理を支えた麻生幹事長と昭恵夫人

私は、結果的にこの第一次政権時代の経験が、安倍さんを本物のステーツマンに育てたと思っていますが、それは後から言えること。当時は非難轟轟《ごうごう》ですし、安倍晋三の政治生命はもう終わったと、世間は思い、もしかすると本人自身、まだ特効薬「アサコール」が出回る前でしたし、同じようにあきらめの心境にあったかもしれません。

そんな中、麻生太郎氏が入院中の安倍さんを見舞いました。

当時、巷《ちまた》には幹事長の麻生太郎と官房長官の与謝野馨（故人）が安倍を辞任表明に追い込んだとする「麻生・与謝野クーデター説」が流れていました。

フェイクニュースの最たるもの。麻生太郎という人物が、そういう裏で陰険に立ち回る類の寝技を最も嫌う人だということと、また、もしやりたくても、やれるような人ではないということを、知ってか知らずでか、誰かがためにする話として流したものです。

安倍晋三、麻生太郎という2人の関係は、興趣の尽きないものです。

一方は、敗戦時5歳。他方は戦後9年目の生まれ。年齢差は14ありますから、麻生さんから見れば昔の大家族だったら末の弟みたいな存在が、安倍さんです。

一方の祖父・吉田茂は、戦後再出発に当たって、日本という家の仮普請を全部やった人です。独立の回復と、日米安保条約の締結をした。他方の祖父・岸信介は、その仮普請の状態だった家に、大黒柱を通した人でした。日本の防衛を、米軍に義務づけたわけですから。しかも吉田と岸は、戦時中の指導者・東條英機に対するアンチの感情を共有していたという共通項もありました。

加えて麻生さんは、体脂肪の割合が、オリンピック日本代表射撃選手だった時分とまるで変わっていない、だから背広の仮縫い情報は、10代で採寸したものが、そのまま今でも使えるということ、足が石原裕次郎より長いというのがひそかな自慢で、その足がすっと真っ直《まっす》ぐ見えるように、ズボンの裾をダブルにしたその折り返しに、鉛を入れている、といったような人も知るエピソードが示唆するように、カッコよくなければ、オトコじゃないと思っている強烈な美学の持ち主なのです。誰かの寝首をかく、などということは、麻生流審美学からして、麻生さんの実像から最も遠いことでした。

病床に安倍さんを見舞った麻生さんは、何を話したでしょう。

「総理（と言ったのじゃないかと思う、麻生さんなら）、総理はまだわたしらに比べたら若いんですから、よく養生して。そのうち何があるか、わかりませんからねえ」などと、例のだみ声で言ったのじゃないかと。

そんな想像が許されるのではないかと思うのは、第二次安倍政権になって、麻生さんは一貫して安倍さんを支持し続けていること、いわゆるモリトモ問題で矢面に立たされても、馬耳東風とばかり、意図して受け流し、オレが辞めると政権の屋台骨に修復不能なヒビが入る、とわきまえてのことでしょう、副総理兼財務相の地位に留まっていることなど、事実が証明しているのじゃないかと思うからです。

ところで、昭恵さん。

森永製菓社長の家に生まれた昭恵さんが、古い価値観で女の子を縛るしつけを受けて大きくなったのでないことは、左利きを左利きのまま、両親が育てたところにも窺《うかが》われます。

安倍総理が病気で総理の座を退いたとき、そして世間が安倍総理に向かって悪罵の限りを投げつけていた2007年の秋、1962年6月生まれで総理と8つ違いの昭恵さんは、「女盛り」の45歳です。それなのに、夫の星が落ちたら、同じように世間の冷たい視線を浴びました。アンタももう終わり、と言わんばかりの。

これに昭恵さんは、反発します。

それはちょうど、不妊治療をあきらめ、ということは後継者を生んで育てるという政治家の妻に世間が強いる役割を果たせないことになんとか折り合いをつけたころと、重なります。地元に戻るとそれはもう、針の筵《むしろ》みたいな様子だったと、ご本人も語っていますが、このときでしょうね、昭恵さんに割り切りが生まれたのは。

世間に合わせて生きるのじゃなく、わたしはわたしの人生をつくって、生きていこう。それがどこかで夫のためになる道なら、いろいろな道を試してみよう。

そう思った昭恵さんが、最初にしたことは、学歴の獲得です。

昭恵さんは聖心女子学院育ち。皇后陛下などと同じです。でも昭恵さんは、聖心女子大学には行かず、聖心女子専門学校に行ってそこを出ました。なんでも、本当の良家の子女は、大学よりもっと聖心らしい専門学校に行くならわしが、昭恵さんのころまであったというのです。ただし時代の変化には抗せなかったか、聖心女子専門学校は２０１８年、最後の授業を終えています。生徒の募集も、しなくなりました。

ともあれ、昭恵さんは、大学というところ、とりわけ共学の大学というところを知らないままでしたから、見てみたかった。かといって（と、ご本人が言うのを聞いたことがありますから、ここはそのお話の再現です）4年制大学に入り直して、ちょうど親子ほど年の離れた子どもたちと4年かけて卒業するのはいかにも迂遠《うえん》な話だと思っていたところ、社会人入学で修士号を目指せる大学院があると聞き、選んで入ったのが立教大学大学院21世紀社会デザイン研究科だったというのです。同研究科のウェブサイトに行くと、昭恵さんの修士論文題名が公開されています（「ミャンマーの寺子屋教育と社会生活―NGOの寺子屋教育支援―」)。

これがきっかけになり、昭恵さんにはミャンマーの支援者など、従前には望めなかった友人のネットワークができ始めます。

山口の地元に帰るたび、米農家を応援し、山口の米をブランド米にしようと力を尽くした昭恵さんは、地元でとれる食材を美味《おい》しく料理して供すスペースを、一種のアンテナショップとして東京につくる気持ちになり、現にできました。居酒屋の「UZU《うず》」がそれです。山口で農業に従事する若者にとっての、東京の拠点となることも目指しているUZUは、選挙区地盤固めの試みの一つでした。

そんなふうにそれまでできなかったことをどんどん試み始めた昭恵さんの後ろ姿を、安倍晋三氏は見ていた。その姿に、励まされたという時期があったと、これは先ほど触れた元駐日インド大使夫人、ムリナリニ・シンさんの観察です。

55歳で手に入れた「青い空」

とかくするうち、2009年9月に、日本のゼリア新薬工業がスイスの薬品メーカー、ティロッツ・ファーマの株式を取得して子会社化します。当時、超円高だったからこそ買収が楽になったことは間違いなく、この点は円高サマサマで、いささか皮肉です。

そしてティロッツこそは、潰瘍性大腸炎の特効薬「アサコール」の開発・製造メーカーだったのでした。そのアサコールは直ちに国内でも認証され、広く出回るようになって、安倍さんの腸を、先ほど引いた主治医との対談で安倍氏自ら言っていたように、「40年ぶりに、何もないという状態」までもっていきます。

医師の日比紀文さんは、外遊にちょくちょく同行していました。そんな折、総理の健康は本当に大丈夫かと聞いたことがあります。その都度微笑みながら「（心配は）何もないです」と言ってくれ、薬のアサコールについても説明してくれたことがあります。

一生、飲み続けなければならない薬である。その間には、風邪をひく、頭痛を起こすだろうから、風邪薬や鎮痛剤と併用することにもなるだろうが、飲み合わせを選ぶなどという難しいところがない。副作用もなくて、おとなしい薬である。「唯一、問題なのが」と日比先生の言うのに、「効く人には効きますが、効かない人には、効き目が出ないという性質があるんです。幸いなことに、安倍総理には、とてもよく効きました」とのことでした。

英語に、「ぶつかりそうな天井は、ただ青空だけ（The sky is the only limit）」という一つひねった表現があります。ここからの訳語なのかどうか、日本語で「予算は青天井」などと言うときの「青天井」は、上を見上げて、妨げるようなものは何もない。

ひたすら青い空が広がっているという、そういう状態を言います。

繰り返しになるのを厭《いと》わず言うならば、齢《よわい》50代も半ばにして、常人ならあっちが痛い、こっちが痛いとみるみる肉体に自信を失うはずの年代で、突然にして安倍晋三の前途が「青天井」になったのだと覚えていてください。

２０２１年9月まで、もしも自民党総裁任期をフルに3期連続務められれば、安倍さんは67歳になります。「まだ」67歳だとも言えます。その後3年か4年して、再び時代が要請するならば、私は安倍総理の再々登板、第三次政権もあり得ると思っています。そのとき私が徹夜、徹夜の必要な仕事でお手伝いできるかというと、私は安倍総理と違って常人で、肉体の衰えを日に日に感じている人間ですから、とても自信などありませんが。

外遊はいつも強行軍

第二次安倍政権発足後の安倍さんはとにかく元気です。

ごく最近の例として、２０１８年4月30日から5月2日にかけて、安倍総理に同行して中東を訪問した際に見た総理のスケジュールは次のようなものでした。

▼現地時間で4月29日にはアラブ首長国連邦（ＵＡＥ）を訪問。

▼翌30日には日UAEビジネス・フォーラムに出席後、ムハンマド・アブダビ皇太子と会談するなどした後、ヨルダンを訪問。
▼5月1日には歓迎式典に出席後、アブドッラー2世国王との会談、加えて同国王に同行ビジネス代表団をまじえた昼食、それにハーニ・アル＝ムルキー首相と会談するなどした後、パレスチナを訪問。イスラエルのテルアビブに下りて車列でラマッラまで走り、マフムード・アッバース大統領と会談。
▼5月2日には、ヨルダン川西岸地区で日本がパレスチナにおける雇用創出のためつくってきた農産団地を見た後、エルサレムでビンヤミン（ベンジャミン）・ネタニヤフ首相との会談、両夫婦同士だけのディナーをこなして帰国の途に。

この日程を見てもわかるように3泊5日の強行軍です。

それでも安倍総理は苦にしない。大きな理由の一つは、アブダビ皇太子、アブドッラー2世、それにネタニヤフ首相といったいずれも個性の強い、国際舞台で名の通った指導者たちが、みな安倍総理に親密な感情を抱き、友情を隠さないところにあるでしょう。

ネタニヤフ首相夫妻と安倍総理夫妻の会食では、革靴にしか見えないぎょっとするようなシロモノがテーブルにどんと出て、実はそれがチョコレートでできたデザートだった、ということが後にシェフが公開した写真で明らかになって、イスラエル中の世論がいっときそれで持ち切りになったおまけがつきました。

礼を重んじる日本から来た安倍総理は、イスラエルにとってとても大事な友人なのに、失礼にもほどがある、というわけで、私にも取材の依頼が来ました。

安倍総理と昭恵夫人は「面白いね」の一言、喜びこそすれ、気分を害すわけなどありません。ここには、せっかくネタニヤフ・安倍がいい関係になっているのに、それを傷つけたらどうしようと過剰なまでに案じるイスラエル側の気持ちが出ていたと見るべきです。つまり安倍さんは、それだけ大事に思われているということです。

3泊5日というと確かに強行軍です。好んでそうしているわけではなく、日本の国会というところはトイレに立つにも許しがいるくらいスパルタ式なので、開会中は週末や休日をフルに利用したきちきちの日程を組むしかないというのが、スケジュールがタイトになる主たる理由です。

でもそんな日程の外遊ばかりをこなして、連続5年半（本書執筆時点）。総理が日程の窮屈さに文句を言ったことが、一度でもあるかというと、まったく一度もないからこそ、外務省は次々訪問のアイデアをもって官邸を訪ねてきて、総理は積極的にそれに応《こた》えてきている、それで今日まで来ているわけです。

荷物をつくって解いて、また荷造りしては開いての繰り返しですから、安倍総理は「出張の達人」です。誓って保証しますが、出張の準備に、昭恵さんの手など借りていないはずです。これも誓って保証すると、毎日つけるネクタイも、合わせるシャツや背広も、安倍総理はちゃっちゃか一人でやるタイプです。背広の趣味は、薄い肩パッド、絞りの小さいウエストの、いわゆる「アンコン」タイプ、モダンなアメリカン・トラッドで一貫しています。これは私など同世代で、「アイビー」に憧れた過去をもつ者同士、ピンと来るところがある。安倍総理、戦後生まれの現代っ子だなと思う瞬間です。

私たちのような同行者は、同じ日程で動き回るとはいえ、しょせんは傍観者です。そこへ行くとたとえ親しい相手だとはいえ、首脳会談はいつでも真剣勝負の場。うんとアドレナリンが必要です。そんなふうに交感神経を刺激してアドレナリンを出しては、今度は副交感神経の支配に任せて、クールダウンする、という繰り返しは、あまり体に良くないはず。ところがそんな強行日程の外遊をこなした後ほど、総理は寸暇を惜しんでゴルフに行ったりしています。

ああやって、へこたれないところ、苦しいことでも軽々と突破する能力を、安倍総理は見せている。いくら、還暦手前でやっと実感できた健康の有難みを存分に享受できているのだといっても、凡人匹夫《ひっぷ》のよく真似《まね》できるところではありません。

第2章

統治者に見えている景色

長谷川榮一氏と高尾山

いわゆる政治のプロと称する人たちの中には、「安倍総理の場合、義理人情の篤《あつ》さがマイナスになっている」とか「安倍総理は友だちだと思う相手だと見方が狂う」などと主張する人がいます。ひとまず、そういう面がないとは言えないのだと思うことにしますか。

しかしです。そういう訳知りを言う人が、つい見落としがちなのは、安倍総理が義理人情に篤いからこそ、安倍さんの力になろう、助けになろう、安倍さんのためだったらなんでもしようと思う人が、いつも必ずいる。私心、利害、打算を超越し、何かせずにはいられないという人が、安倍さんの周りには、自然と集まってくるという、そういう側面です。

指導者の器、その鼎《かなえ》の軽重を量るなら、私は、こういう人間集団をもてるかどうかが決定的に重要だと思います。自民党総裁の座を狙い、やがては総理になりたいと思う政治家は、たくさんいればいるほど競争原理が働いていていいのでしょうが、果たして安倍総理のような、強いグループを組める人が本当にいるのかどうか見ものです。若手の小泉進次郎氏にあえて苦言を呈すなら、〝進次郎命《いのち》〟の秘書官一人、まだもてていないわけです。

安倍総理が、2007年の9月、病状悪化を主たる理由に突然の退陣を余儀なくされたときのことは、大方の記憶に新しいところです。政権を「投げ出した」と、言われました。そこからは、日本国中、挙げて非難の合唱になった感じでした。

自らに恃《たの》むところが強く、時代の要請に応じようとする使命感においても強くて、極めて誇り高い政治家・安倍晋三。さぞ、耐え難い屈辱、忍び難い挫折だっただろうこと、想像するに余りあります。

そんな、最も辛《つら》い時期、失意の中、お天道様に顔向けできないといった気持ちで引きこもりがちだった時、安倍総理を励まし続けた人たちがいました。

いの一番に指を折るべきなのは、もちろん昭恵さんです。妻の背中を見ながら、夫である安倍総理は勇気づけられたはずだということは、既に述べました。

もう一人は、今井尚哉さんでした。第一次政権のときは、経済産業省が送り込んだヒラ秘書官。安倍総理退陣後は、母体に戻って元のエリートコースをひた走っていた今井さんには、粛々と業務をこなしていけば、経産次官のポストがかなりの確率で手に入ったはずなのです。

だからその今井さんが、「安倍さん、絶対に次がありますよ。絶対にあります」と言い続けたときの動機は、利害、打算と無縁、私心を離れたものでした。それがゆえに、安倍総理には、つくづく有難い言葉だったのじゃないでしょうか。

もう一人挙げるなら、長谷川榮一総理大臣補佐官（兼内閣広報官）です。第一次政権では、内閣広報官を務めていました。

そもそも経産省（当時は通産省）の役人だった長谷川さんと安倍さんが知り合ったのは、1993年のことだったといいます。安倍さんの初当選は、同年7月実施の総選挙のときですから、この年の1月、ビル・クリントン米大統領就任のときは、まだ何者でもありませんでした。ちなみに父・晋太郎は、1991年、67歳で没しています。

当時、30代の終わり。大統領就任式なるものを見学に行こうと思い立った安倍さんは、そのころJETRO（日本貿易振興機構）ニューヨーク事務所で産業調査員（といえば通産省の中の定番出世コース）をしていた長谷川さんに、案内を依頼します。年齢も近かった（その時点で長谷川氏は40歳）2人は、厳寒の中の大統領就任式だけでなく、ちょっとした弥次喜多道中を共にするうち、意気投合し、長く続く関係を結びます。

その長谷川さんが、2007年の首相退陣後、失意のどん底で自宅に引きこもっていた安倍さんを、「高尾山にでも登りましょうよ」と誘ったのです。

やむを得ないとはいえ、当時の安倍さんは、人の目を意識しがちだったのでしょうね。大勢の人たちとすれ違うことには、内心ひやひやするところがあったらしい。

ところが世間は思いのほか優しいとでも言いますか、すれ違いざま、安倍晋三だと気づいても、誰一人からかうような言葉を口にせず、「安倍さん、頑張ってね」と、一様に励ましの声をかけてくれたようなのです。

これは、失意の安倍晋三にとって、いかにも心を温め、勇気づけてくれる体験だったに違いありません。そんな事態になるのを事前に読んでいたとは思えませんが、こういう体験を安倍さんにさせるところ、長谷川榮一という人物の、いかにも優しい一面です。

しかもあとから考えますと、世の中のありとあらゆる人に「終わった」と思われた経験は、それでもついてきてくれる人とは誰かをあぶり出すうえで、またとない機会を安倍氏にもたらしたのだと言えます。

今井氏は、政務秘書官として、側近中の側近。長谷川補佐官も、かつて小泉政権のとき、政務秘書官だった飯島勲さんがタバコを吸うのに利用していた秘書官室脇の小部屋に陣取って、10歩も歩けば総理執務室に入れる距離で、総理を支え続けています。

敷島製パン社長の言葉にヒント

と、こう書いてくると、不肖・谷口と、安倍総理との出会いについて、一言触れておきたくなりました。

確かあれは小泉政権で、インド洋にイージス艦を出すという案が、野中広務氏（故人）らの抵抗で却下されたころですが、ジャーナリズム関係の数人で赤坂かどこか、カウンターだけあるようなクラブに行っていた。下戸でもあるし、まずそういう場所に出ていかない自分が、なぜか同席していたのは、岡崎久彦さんに近い人でもいたのか、それとも「安倍晋三さんが来るぞ」ということが、あらかじめわかっていたのか。

いずれにしろそのときが、安倍晋三なる人物を近くで見た最初か、二度目くらいの機会です。こんなふうに私においては記憶が曖昧模糊《あいまいもこ》、ほとんど忘却の彼方に追いやっていた情景でした。それなのにいつか、ふとしたきっかけで、安倍総理は「谷口さんと初めて会ったのはあのときだよね」と、上に述べた様子を正確に描写されたのです。

これにはびっくりしました。人間関係に応じて、まるで索引をつくるように人に関する記憶をつくり上げ、いつでも引き出し、再生できるようにしておく能力は、一部の有能な政治家に稀《まれ》に発現するものだとすると、安倍総理には明らかにそれがあります。

天稟《てんぴん》の才と言うしかありません。竹下登氏（故人）は、国会の廊下で野党の議員とすれ違いざま、「おめでとうございます」と声をかけ、きょとんとしたその野党議員は、ややあって、ああ今日は、自分の誕生日だったと気づいた――などという逸話の持ち主だったと聞いています。同じく伝聞ですが、ビル・クリントン元大統領は、中間選挙で初当選した膨大な数の下院議員が初めてホワイトハウスに団体でやってきたとき、初対面のそれら議員のファーストネームをいつの間にか全部覚えていて、握手しながら呼びかけたのだとか。「自分はそれほどでもない」と言うでしょうが、安倍総理の場合の記憶力も、多くの人を驚愕《きょうがく》させてきました。

こんなこともありました。旧総理官邸での思い出で、このシーンを安倍総理が覚えてくれているかは確かめたことがないのでわかりませんが、話には前置きが要《い》ります。

２００１年12月8日、それは真珠湾攻撃から60年という節目の日。米空母キティホークと同打撃群が、「9・11」を受けての作戦で、横須賀を出ます。

ぴたりと脇について、護送するのは海自の艦船です。大日本帝国海軍の末裔《まつえい》たちが、60年経《た》つと、因縁の日に米海軍航空母艦を守る側にいた。もしこれをCNNを使って全米の茶の間に流せたら、「パールハーバーを忘れるな」というネガティブな印象を、一挙に明るく変えられるのじゃないか。そう思うと矢も楯もたまらず、私はCNN東京支局に働きかけました。当時の支局長も意義を認め、放送は、実現一歩手前まで行ったのでした。イラク関連の情勢急転でCNNは全リソースをその報道に振り向けることになり、結局これは成就しなかったのですが、当時の私は、『日経ビジネス』で記者稼業をしながらも、そんなふうに「おおやけ」のため何かしたいという願望を、いつしか育てていました。

もしも小泉官邸のため、英語の広報担当としてでも働けたら……。当時、ご縁をいただいていた同時通訳のパイオニアでコミュニケーション学者の齋藤（福永）美津子さんに相談したら、「いいわ、連れてってあげる」とのお話で、私は同女史ともども、官邸に安倍副長官（当時）を訪ねたことがあったのです。

女史の弟は、そのころ毎日新聞社の会長でしたが、往年は同紙政治部記者で、福田赳夫の担当。福田の知遇を得た女史に、岸信介首相のもと運輸政務次官を務めた経験のあった熊本県選出の代議士・福永一臣を引き合わせ、結婚へ導いたのも福田氏だったというわけで、福田派（清話会）のプリンス、安倍晋三氏を、女史はよく知っていた。それで、話を繋《つな》いでやろうと連れていってくれたといういきさつです。

行政機構の動態、なかんずく外部から人を雇ったりすることがどれほど至難かを何一つ知らなかった私の、下手な押し売り工作は、まるで一顧だにされませんでした。でもそのとき確かに、私は安倍晋三氏に会っています。

その次に、もっとじっくり顔合わせをしたのは、下って2007年、第一次政権でインド訪問を控えていたときです。

私の「おおやけ」に尽くしたいという熱望を買ってくれたのは、外務省の谷内正太郎《やちしょうたろう》次官（当時）で、私は谷内さんのお誘い（あとでわかったことには、私にとってジャーナリズムの先輩に当たる手嶋《てしま》龍一さん＝当時NHK＝が推してくれていた）を受け、まるで想定外のことでしたが役人となり、２００５年夏に外務省に職を得ていました。

副報道官、広報担当参事官が表の肩書でしたが、その実は当時外務大臣だった麻生太郎さんのスピーチを大小いろいろ書くのが主たる任務。２００７年の夏、安倍総理がインド訪問をするというので、スピーチ原稿が必要になったとき、外務省にリクエストが下りてきました。手掛けることになったのは成り行き上当然にも私で、その原稿をお見せしに行ったときにもう一度、今度は実務を通じて安倍総理に出会っています。

「二つの海の交わり」と題し、今で言う「自由で開かれたインド・太平洋戦略」の先駆けのような意義を果たしたスピーチを、安倍総理はインド国会上下合同会議で読み上げた。スピーチとは「話芸」ですから、抑揚や間《ま》がとても大切だと信じる私は、安倍総理に渡したその原稿にも、随所に「ト書き」を入れてありました。「間を置いて、拍手を待つ」といったことです。

それがことごとくツボにはまり、大反響を巻き起こした程度たるや、ふだんは自画自賛を本能的に避けたがる外務省が、この演説のことはこんなふうに特筆大書しています。

「国会は、シン首相、アンサリ上院議長、チャタジー下院議長臨席のなか、上下両院議員によって満席であり立ち見が出るほどの盛況であった。また、アドバニ野党下院リーダー、ジャストワン・シン元外相、グジュラール元首相を始めカピル・シバル科学技術相現職閣僚多数を含む有力な政治家も顔をそろえており安倍総理のスピーチに対するインド側の高い期待が伺われた。安倍総理のスピーチに対しては、聴衆より随所で30回以上の拍手が起こり、スピーチ終了後は聴衆が総立ちとなるスタンディングオベーションとなった。演説後、シン首相、アドバニ野党下院リーダー、ムカジー外務大臣等より、総理演説は素晴らしい内容であったとのコメントがあった」

一行が帰国したあと、外務省の私の部屋に、外交担当の秘書官として外務省から総理のもとに行っていた林肇さんが訪ねてきて、「自分のボスが、ここまで拍手と賞賛の嵐に包まれるのを見るのが一生のうちあと何回あるだろうかと思ったら、涙が出てくるくらいだった」としみじみ話していたものです。察するに、林総理秘書官は総理の体調の悪化を知っていた。だからそう思ったのでしょう。帰国後はとくに外務省に指示をして、当日の拍手が「30回以上」に及んだといったことをわざわざ公表させたのかもしれません。

ともあれ、これが安倍総理と私の、最初の本格的な出会いでした。

ご説明に官邸(場所は旧官邸の勉強部屋)まで上がったとき、初めて正対した安倍総理の顔色は、いかにも悪かったのを覚えていますし、それどころか、どこか萎《しお》れた感じさえ受けたものでした。あとから考えると、既に相当無理を重ねていたに違いありません。

この一件で私のことを認識してくれた安倍総理は、一議員として後に米国へ行ったり、インドへ行ったりしたときに必要なスピーチの原稿を、何回か私に依頼しました。もちろん喜んでお書きしました。その返礼としてブルックスブラザーズのネクタイなんかを買ってきてくれましたが、そんなものだけでも嬉《うれ》しいものです。

２０１２年末に第二次安倍内閣が発足し、２０１３年が明けると、私は官邸に内閣審議官として正式採用になります。部屋も一つ与えられ、スピーチに精出すことになるわけですが、安倍晋三という人物のどこが人を強く引き付けるのか、すぐにはわかりませんでした。

麻生太郎さんのように、露悪趣味で座を盛り上げ、半径２メートルを笑いの渦に巻き込んでおくことを自分に課しているかに思えるタイプに比べると、安倍総理は静かです。小泉純一郎氏にあった類《たぐい》のカリスマ性は安倍総理において見られません。

疑問を解くよすがに、成蹊大学体育会アーチェリー部で同期の盛田淳夫さん（Pasco、敷島製パン社長）に安倍総理のリーダーシップについて聞いてみたことがあります。

「自然と彼の周りには人の輪ができる」とのお話です。まだ今一つ、ピンと来ません。日ごろの連絡はどう取っているのかと聞くと、「ときどきメールを送る」と仰《おつしや》るので返事は来るのか重ねて尋ねると、「来ませんね」と言って平然としているのです。

この点が、大きなヒントになりました。

安倍晋三という人物は、どこかで一度、お互いに大切だと思える関係を結んだら、何年経とうが、会おうが会うまいが、いつもどこかで自分のことを思っていてくれる、気持ちの熱量に、時の経過に沿った減衰が起きない、といった安心感を与える人物なのです。

併せて、誰も指摘しないのが不思議なお話をします。

総理大臣ともなると、毎日毎日、各省の次官や局長級の官僚たちが訪ねてきます。そのほかに、危機管理が専門の人物とは、必ず毎日会う。国家安全保障局ができてからは、谷内（正太郎）局長ほか、関係の方と会いますし、河野克俊《かわのかつとし》統合幕僚長や、大塚海夫《うみお》防衛省情報本部長など防衛省・自衛隊の方とも定期的に会合を重ねます。

財務省の次官・主計局長と会い、直後に経産省の次官・経産審議官に会って、そのまた同じ日に外務省の次官・主管局長に会う、といったことを連日続けて5年半。

それなのに、この誰も、総理がほかの誰かについて不平を鳴らしたり、「やれやれ」と溜息《ためいき》まじりの愚痴を言ったり、「あいつはどうのこうの」と不満を口外するのを聞いたことがありません。こういうことは一度でもあると、一瀉《いっしゃ》千里。霞が関一円に、あっという間に広まります。でも誰も、総理がこういうことを言うのを聞いたことがない。

世間には、甲には乙の悪口を言い、乙には丙の、そして丙には甲の悪口を言って、甲乙丙すべてを疑心暗鬼に陥れ、そのことで人心を操りたがるマニピュレーターが会社にもご近所にも、学校のＰＴＡにも、男女を問わず案外ごろごろいるものですが、安倍総理に限ってまったくそれがない。言葉を慎む潔癖のせいというより、生来、そういう意地悪をやろうという発想をもったことがないのではないか。

だからこそ、盛田さんのように、自身多忙を極める会社社長ですら、送ったメールを安倍総理が見てくれているかどうかさえわからなくても、平気でいられるのでしょう。

不肖私にしてからが、総理のご用がしばらくなくて、お目にかかるのが随分間遠になったとしても、そのことになんの痛痒《つうよう》も感じていない自分を見出しては、面白いなと思うのです。また、私の書くものにはどうしたって特有のクセなり、アクがあるに違いないのに、それがどうしたこうしたと、総理が私のいないところで誰かに言っていたなどという形跡に、一度も接したことがありません。

霊南坂教会での告別式

２０１６年４月、私も先輩格としてよく知っていた記者で、日本経済新聞社特別編集委員だった伊奈久喜《ひさよし》さんが亡くなったときのことです。赤坂の霊南坂教会で告別式が行われたのですが、そこで、ある弔電が読み上げられました。

「伊奈久喜さんの突然の訃報に言葉を失いました。

昨年夏、伊奈さんが手術を受けるとお聞きし、病院にお見舞いに伺いました。入院中も健筆を振るわれているのを拝見し、必ず病魔に打ち勝ち、内政・外交全般にわたり卓見を披露していただけると期待していただけに、残念でなりません。

ご家族の皆さまのお悲しみはいかばかりかとお察しいたします。

謹んでお悔やみ申しあげますとともに、心からご冥福をお祈りいたします」

それが、弔電の電文でした。

本当に、伊奈さんの闘病の一日を、病床で立ち会った人にしか書けない中身でしたから、送り主は誰かと皆が関心をかき立てたのです。

すると果たせるかな、司会者が読み上げたその名前は「内閣総理大臣　安倍晋三」。

一瞬、会場にいた多くの人たちは、「よくもまあ」と思ったのではないでしょうか。

「よくもまあ、総理はあの激務の中、時間を見つけてお見舞いに行ったものだ」、と。

とそのとき、ＳＰを先頭に立てた早足の集団が入ってきて、最前列に向かいます。

安倍総理でした。真っ先に献花をし、遺族に挨拶をして、総理はまた風のように、その場を去っていきました。

安倍総理は伊奈さんに、礼を四重に尽くしています。前年の盛夏、ベッドサイドでの見舞いと勇気づけ、告別式への名札の掲示、真率そのものの弔電と、最後に告別式への出席と献花。

伊奈さんは政治記者というより外交記者で、また日ごろから安倍総理との近さを吹聴するタイプの人ではありませんでした。事実、じかに会ったり、話したりということは、そう頻繁にしてはいなかったのだと思います。

それを安倍総理の側から見れば、日経新聞という、経済と産業・証券が売り物の新聞の、しかも伊奈さんは政局記者でなく外交コラムニストですから、伊奈さんとの関係は、やはり実利や打算とあまり関係のないものだったとしか思えません。

だったらなぜ、四重の礼を、安倍総理は尽くしたのか。

２人はほぼ同年齢です。伊奈さんのご遺族に伺ったところ、安倍総理が、父・晋太郎（当時外相）の秘書官（政務）として外務省に机を与えられたとき、伊奈さんは入社６年目というところ。すでに外務省記者クラブ（霞クラブ）のキャップで、２人はそのころ出会ったといいます。

役所からつく大臣秘書のうち、若いほうの秘書だったのが、いま外交評論で活躍している宮家《みやけ》邦彦氏で、安倍晋三、伊奈、宮家の３氏は、外相への尊敬で結ばれ、目指すべき日本の方向で考えも一致して、いつしか同志のような関係になったといいます。

ですから交際は、30年以上。察するに、安倍総理も伊奈さんも、まだ若くて、自分が将来どうなるか見通しなど立たず、何者でもなかったころ。そのころ共有した時間を、大切にし続けたということでしょう。

これが、安倍晋三という人物の、情の深さ、時として人に、「この人のためだったらなんでもしたい」と思わせる懐の深さなのだと思うのです。

その晩、私は教会を出て帰路に就きながら、きっと自分が今死んでしまったら、涙が止まらないカミさんのところに近寄って、総理は声をかけながら、一緒に涙を流してくれるんじゃないか、などと想像（妄想？）をめぐらせたことを告白しておきます。

以上には後日談があって、右に書いたような告別式の様子を自分のフェイスブックに記したところ、すぐさま昭恵さんからメッセージが届きました。

一、二、やり取りをして、私が「総理の居ずまい、ご様子、打たれました。おやさしいですね」と書いて昭恵さんに送ったら、「ありがとうございます。その優しさが世間に伝わらないのは歯痒《はがゆ》いです」とのお返事でした。

同じ優しさで、雨が降ろうがかんかん日が照ろうが、安倍晋三という人は妻の昭恵を信じ、そして大切に思っているのだろうと、直《ただ》ちに推察がつこうというものではありませんか（弔電は伊奈さんのご遺族に了承をいただき、全文の提供をいただいて引用しました）。

安倍昭恵さんのこと

その昭恵さんについて、本書では既にところどころで触れてきました。いわゆるモリ・カケ問題で昭恵さんの関わりに注目が集まる以前、昭恵さんは独特のやり方で、つまり今までの日本の歴史において、ファーストレディとしては誰一人試みたことのなかったやり方で、夫である宰相を支えていたのだと思っています。

総理は一国の指導者ですから、いくつかの選択肢の中から一つを選ぶのがその仕事です。

しかし選択の裏には、選ばなかった可能性、捨てられたオプションがある。

良い例が、原子力発電です。安倍総理は（不肖・私も）、安定的なベース電源として、原発は安全なうえにも安全を確かめたら、着実に利用すべきだという考えです。

でも、原発を怖いと思う気持ちをもつ人が必ず一定数いて、一定数いる以上、その人たちを非合理的だの、反理性的だのと批判したところで、何ももたらしません。

まさにそういう恐れを抱く人たちのところに、昭恵さんは出かけていきました。そして少なくとも耳を傾けるということを心がけてきた。

「ＴＰＰで日本の農業は滅びてしまうのではないか」。そんな心配をした向きもありました。農産物がいろいろと輸出商品になるにつれ、極端な悲観論はさすがに影を潜めた感があるとはいえ、心配する人のそばへ行き、まずはその不安を聞いてみるというのは、一つのやり方です。かつ、それ自体が、おそらくヒーリング効果をもつでしょう。

しかも、総理にはできない仕事です。ただ聞くだけ、単に関心を寄せるだけ、という、結果に繋がらない行為は、総理大臣ともなるとおいそれとはできません。

ですから昭恵さんは、農業に進んで光を当てる役回りを選び、それもっぱら地元の水田で活動することによって同時に夫の票田の世話にもなる道を歩みました。

ある一つの路線が選ばれたときの、「もう半面」。その「もう半面」の声を聞くことを、昭恵さんは自分自身の役目にしたのです。これは、安倍政権の翼を左右両翼に、とりわけ左に伸ばす結果に繋がって、安倍総理と安倍政権への支持を固めるのに功績があったと認めるべきだと思っています。

繰り返しますと、そういう昭恵さんの働きについて、夫である安倍総理は、それがすべて回りまわって自分のため、政権のためと昭恵さんなりに考えてのことだと知るだけに、とがめだてしなくてはならないようなこととは、ちっとも思っていないと思います。

世耕弘成さんが2013年の9月、民主党参議院議員（当時）だった林久美子さんと結婚することにして、仁義を切らなくてはと恐る恐る総理に報告に行ったら、総理の反応はあっさりしたもので、「いいんじゃない？　ウチ（の妻）も反原発だしさあ」だったという。

「国会で一日中追及されてですね、帰宅しますと妻にも追及されますので、もう勘弁してよと言いたいのでありますが」などと、昭恵さんと自分を「自虐ネタ」にし、バラク・オバマ米大統領（当時）の前で話したことなども思い出されます。

昭恵さんを安倍晋三氏がどう思っているか、だいたいおわかりいただけたでしょう。一言で言えば、妻として愛し、人間として尊重し、終生の友として信頼しているのが、安倍総理にとっての昭恵さんです。

ところが、それを知る野党は、昭恵さんに攻撃を集中することで総理の平常心を奪えるだろうと踏み、事実昭恵さんをやり玉に挙げた。そのあまりの卑劣に、総理は残念ながら野党の思惑通り、色をなした……。それがこの間の実態だったと私は思います。

ここからはまったくの推測に過ぎないのですが、我が子をもつことをついにあきらめざるを得なくなってからの昭恵さんの行動には、東南アジアやアフリカでエイズ患者に会いに行って、抱きしめたり（そのことについて穏やかに述べた英語のスピーチは、ロンドンに会した国連の医療関係者たちを深い感動に包みました）、社会的弱者、少数者に自分を近づけようとする努力が目立ちます。そこに、母として注ぐことのできなかった愛を、だれかのため、できればたくさんの人のため、そそいでみたいという衝動があったのではないか。この推測において当たらずといえども遠からずなのだとすると、昭恵さんはその最も柔らかい側面を見せてしまったことによって、かえってあまりにも不当な扱いを受けてきていると思います。

森友問題と加計学園問題の本質は

こと、森友問題に関していえば、昭恵さん自身が反省しています。私流の意訳になりますが、「無限抱擁」主義を貫くうち、お店を広げすぎ、自分でも収拾がつかなくなったと、昭恵さん自身がそう言っていました。「反省する、いいチャンスだった」と。よく知らない人たち、実態の見えない組織の名誉職を引き受けることは、たといそれが単なる名誉職（つまり金銭の授受を伴わないもの）に過ぎないのだとしても、先方はファーストレディの肩書、お墨付きをどう利用・悪用するかわかりませんから、慎重なうえにも慎重でなくてはならなかったのだと思います。

籠池泰典夫妻が学校建設用として手に入れた元国有地が、不当な安値で売り渡された。それは国有財産を預かる近畿財務局が、安倍総理夫妻と籠池夫妻の関係を「忖《そん》度《たく》」したためだというのが、朝日新聞の報道以来、野党が繰り返してきた主張でした。

隣接地は2010年、豊中市に14億2386万円で売却されたのに、籠池氏に国は、その1割以下の安値で売り渡した。忖度の結果がそれだ、と。小川榮太郎氏（文藝評論家）の著作に詳しいところですが（『徹底検証「森友・加計事件」』）、私も同年10月12日の豊中市議会建設水道常任委員会（決算）会議録を見てみました。同市は土地取引と同時に、国から14億2622万円の補助金を得たことが明言されています。国は実質98・5パーセント引きの2124万円で投げ売りしたのでした。籠池氏はむしろ高値づかみしたのだと知っては、何をかいわんやです。

加計学園の問題は、これも本質を見失わないようにしないといけないと思います。本質とは、公務員獣医だとか、バイオ・製薬産業との協働ができる獣医、あるいは畜産業を産業として伸ばすに役立つ仕事のできる獣医は慢性的不足状態にあるのに、獣医の業界が典型的な参入規制を維持していて、まともな競争がまったく成り立っていない状態を、国家戦略特区の力を使って打開する必要があったというに尽きます。

同問題を伝えたのは、国会を取材する政治部記者の書く政治記事がもっぱらでした。しかし国家戦略特区の諮問会議議員を務め、国会審議で堂々正論を主張した八田《はった》達夫氏が、我が国を代表するミクロ経済学者のお一人だということを、どれだけの記者がピンと来て、興味を払って考えたでしょう。「八田ミクロ」の愛称で知られる彼の上下2巻本、さらにそれを縮約しわかりやすくした教科書は、ミクロ経済学教科書の、定番中の定番です。『ミクロ経済学・エクスプレスウェイ』という縮約版の方なら不肖・私も読みましたから、同氏の発言にはとりわけ注目を寄せましたが、大半の記事はものの見事にほとんど無視してしまいました。

八田氏は自身のブログに、いくつも有力な反論を載せています。例えば左のようなものです。

「特区の仕組みでは、原則として、ある特区で行われる規制緩和は、他のすべての特区にも適用されます。

（例外は、農地の株式会社による保有許可と、医学部の新設のみです。これらではそれぞれ農水省と文科省を通じた政治圧力で一ヵ所に限るという限定が加えられました。今回、獣医学部新設が一校のみに限られたことも同様です。）

特区で取り上げる項目の選考に関するワーキンググループ（ＷＧ）と規制官庁の折衝は、議事録公開を原則に行っています。提案者と規制官庁の意見が異なれば、両者をヒアリングに呼んで、特区ＷＧ委員が間に入って三者面談を行うこともあります。規制官庁とＷＧの見解が異なれば、規制官庁と内閣府の官僚が議論を詰めます。それでも折り合いがつかなければ、関係省庁の大臣同士が折衝します。それでもダメなら、総理決裁ということになります。その結果決まったことは、先ほど述べたように全特区で適用可能になります。

個別の事項でどこを選べといった官邸からの指示は、一切ありません。今年【２０１７年】に入って報道されるようになるまでは、総理と加計学園理事長とが親しいということも、私個人としては知りませんでした。

特区で獣医学部新設が可能になれば、他の特区でも基本的に可能になりますから、選考に際して、総理がどこと親しいといった情報を公にする必要はありませんし、公開すればそれこそ、総理の友人だから優遇せよという忖度を迫っていると疑われる可能性を生みます。

獣医学部の新設も、原則通り、一校に限らず認めるという政治決断がされるべきでした。しかしそうするには獣医師会の政治力が強すぎ、2校以上を主張したら1校さえも通らないだろうと担当大臣が判断されたということでしょう。

特区ＷＧは、終始一貫、全地域での新設を認めるべきだと主張し、文科省は、一校も認めるべきでないという主張を２０１６年の秋までしてきました。既得権者の抵抗にも拘わらず50年ぶりに獣医学部が新設されたのは大成果です。既得権側はそれに徹底抗戦するでしょうが、そこに留まらず2校目、3校目も認められていくべきです。

今回のことが大騒ぎになったのは、文科省の裏にいる政治家のみならず、すべての規制改革に反対する事業者や政治家が、前川【喜平】氏の尻馬に乗ったからだと思います」

この件について愛媛県の担当者が柳瀬唯夫《ただお》総理秘書官（当時・現経済産業審議官）に会ったにもかかわらず、当初はシラを切った。「首相案件」と正体を明かしたではないかといった類の難詰は、右の八田教授の主張をよく見れば、正当な批判になっていないことがおわかりでしょう。

第一に、愛媛県1県にしてしまったのは、既得権益層（獣医師会）と文科省なのであって、総理ではありません。また案件選びの手続きは、規制を破りたいと考える提案者と、守るべきだとする規制官庁に、意見を戦わせる形で疑似的なプライスメカニズムをつくり、一種の入札によって決まる形です。これでよし、と、ワーキンググループが言った段階で、言ってみれば値が決まる。その値付けのプロセスに、総理や官邸はまったく関与しないという仕組みです。こういう説明をいくら聞いても納得しない人たちは、初めから真実を見極める意思をもち合わせないのでしょう。

官邸関係者は「首相案件」とは言わない

第二に、柳瀬氏が口走ったとされる「首相案件」とは何か。

仮に、柳瀬氏が言ったとしたなら、その言い振りは「総理案件」です。「首相案件」と言ったとは、まず考えにくい。「首相」という一般名詞を使う官邸関係者は、皆無だと言っていいからです。小さなことのようですが、愛媛県関係者の記憶再生力に若干の疑義を抱かせます。

また「本件は総理案件です」と言うことには、柳瀬氏自身国会で何度も答弁していましたが、なんら不自然なところがない。岩盤のように固い規制を、あの手この手を使ってなんとか突破するんだ、自分は岩盤を砕く、ドリルの刃になるんだと、総理は繰り返し、国内外の随所で言っていました。その「あの手この手」の中で有力なものとして大いに期待のかかっていたのが、国家戦略特区だったのです。国家戦略特区を使った規制緩和は、文字通り、「総理案件」でした。

加計孝太郎・加計学園理事長の試みは、成功の約束されたものではないというところが、次のポイントです。愛媛県今治市の丘の上、新しいキャンパスを建設して開校した岡山理科大学獣医学部には、今後も追加投資が必要です。大学院はぜひとも必要でしょうが、まだありません。教員も全部揃《そろ》ってはいない。

同学園にとって幸いなことに、開校初年度となった２０１８年４月は応募者が多く、定員を確保できたようです。けれども、学部から大学院に連なる教育研究環境の充実と、一流講師陣の確保には、これからも追加投資に次ぐ追加投資が必要なことは、言うをまちません。

ちなみに財務情報によれば、同学園は、もしも企業だったとしたら売り上げ約420億円規模の会社に当たります（2016年度収入約429億円）。決して小さいとは言えないにせよ、このクラスの企業（売上高300億円以上500億円未満）なら、データベースの教えるところ、岡山県1県だけで、13社、愛媛県1県だけでも14社はあるのです。

2016年度同学園の流動負債は約55億円、それに対し現預金だけで190億円超ありますから、健全経営に徹していることもわかりますが、今回の獣医学部新設は、ありふれた売上高しかない中堅企業クラスに相当する同学園にとって、リスクに果敢にチャレンジしたとして評価の対象となりこそすれ、総理との縁を使って安全確実な利益を狙いに行ったなどと、到底言えるシロモノではありません。

こうした理性的議論がまったく行われないのは、批判する側に、別の思惑があるからだと私は見ています。それが安倍総理から人気を奪い、あわよくば総裁選挙でも落選するか、落選しないまでも競り合いになって、その後の政局運営の主導権を握れなくなる状態にもっていくことだと想像することは、容易です。

それによって、憲法改正の動きを、封じ込めようとしているのでしょう。憲法の一字一句変えるべからずという護憲原理主義者ならともかく、自民党のそれなりに名の通った政治家までが、加計をめぐる総理の対応をなじりたがるのは、結果として野党の敷いたプランを助けることになっている、また、憲法はなにがなんでも変えるべからずという勢力に自らくみすることになっているのを、よもや知らないはずはあるまいと思うのですが、果たしてどうでしょうか。知ったうえでの発言だとすると、言葉に誠のない人ということになります。

官邸５階の仕事量

加計学園問題で、首相秘書官だった柳瀬氏は、愛媛県や今治市の職員らと２０１５年４月に面会したときの記録が残っていたとする報道に対して、「記憶の限りでは、それらの方々にお会いしたことはない」と言い、虚偽だとしてさかんな批判を浴びました。

「記憶の限りでは」とはやや耳慣れない言い方です。しかし正直な、というより正確な表現なのです。というのも、分刻みで動く総理の先回りをして様々頭を使うのが仕事の秘書官は、たいていいつも仕事量がオーバーフローしています。

おまけに、会いたいと言って訪れる人も、無碍《むげ》には断れませんから、空いた時間にそれらを入れていくと、秘書官自身のスケジュールもいっぱいになります。

一日が終わるころになると……。さて今日会ったのは、どんな人だったっけと思い出そうとしても思い出せないという、そんなことすら稀ではない毎日です。

今どきスケジュール管理はタブレットやスマホでクラウド同期にしていないのか。それをやってたら記録だって残るだろう、などと思われる方が中にはあるでしょう。でも、たったそんな入力でも、総理の日程と自分の日程で複線ですし、頻繁に予定が変わるのでその都度入力し直さなくてはならないし、時間と余裕がなさすぎてできません。

いったいどのくらいの仕事量か、そこから想像してください。大きな紙に書いたり消したり、いっそそういう原始的な方法のほうが便利なくらいですが、手帳に手書きで管理しようなどとしていると、あっという間に真っ黒になって、またその管理も面倒過ぎて、長続きしません。総理秘書官とは、瞬間、瞬間、総理の日程に間違いがないことを最も重要なこととして生きている人種です。普通の人になら当たり前なことが、通用しなくてもわかってあげてほしいのです。

もらった名刺はどうなんだ、と、そういうお尋ねが出てくるでしょう。保存していないのか、と。中央官庁の幹部職員ともなると、私にも外務省でそのハシクレとして3年送った経験があり、またこの5年はやはり総理官邸の私の部屋にいろいろな人が来ますから、同様の経験が継続中なのですが、会った人の名刺は日に日に増え続ける一方で、しまいにはほとんどすべて、意味がないかに見えてきます。

結局のところ、二度、三度と会い、関係が続いていきそうな人の名刺だけです、意味をもつのは。今の世の中簡単なスキャンをして名刺をデジタル情報化し、スマホなどに蓄えておくのは容易ですが、秘書を使ってでもそんな手間をかけている人は、まずいないと思います。それは今言った理由で、本当に覚えておくべき人、参照すべき名刺は、実は限られているからです。

ここには、壮大な「非対称性」があります。地方自治体の人は、東京に出張し、もののしい総理官邸に初めて足を踏み入れ、総理秘書官と称する人と対面し、名刺の交換などしたとすると、生涯に何度もない特別な体験として、深く記憶に残るでしょう。一方の柳瀬氏（ら、秘書官たち）には、覚えておかなくてはならない必然性がない限り、記憶に残りません。そうやって次々記憶を上書きし、不要なものを消去していかない限り、処理量が追いつかないからなのです。

総理官邸にしょっちゅうやってくる役所というと外務省で、外務次官や局長たちは毎日のように来ています。秘書官室を眺めながら、総理の執務室に入っては、大きなテーブルに座るか、応接セット形式の椅子に座るかして、総理と15分ないし30分、時間を過ごします。それを毎日やっているうち、総理官邸の息遣い、律動、そして忙しさが、なんだかわかった気になる人がいても、あながち責められません。

しかし本当に賢い人なら、自分たちが見ているのは総理官邸が見る景色のほんの一角に過ぎないことに、気づかなくてはならないのです。

およそ大臣が任命されているような役所、担当業務は、すべて官邸に情報が集中します。行政組織の端から端まで、どんなことにでも知らん顔を決め込むことができない組織は、総理官邸だけです。

加えて、政治との関係があります。自民党があり、公明党がある。それぞれの地方組織や青年、婦人局があります。役人はこれらに関与しない、というよりしてはいけませんが、総理の頭の中に占める政治のシェアは、行政に対するものと同じか、解散の時期など考えるときははるかに大きなものになるでしょう。これを、政務秘書官の今井さんと、衆議院議員、参議院議員として官邸入りする2人の官房副長官が主として支えます。その他の秘書官たちは、直接関与しないまでも、総理のアタマの動きについていけていないといけない。

これだけの幅（スコープ）と大きさ（スケール）を扱う唯一の場所、総理官邸の、それも私などが部屋を構える4階ではなく総理、官房長官、官房副長官とその秘書官たちがいる5階には、毎日毎日、情報が雪だるま状にふくらみ、蓄積されていくわけです。具体的には、総理をはじめとする個々の人たちに、経験として溜め込まれていくわけです。

政権初日から、総理官邸の扱う仕事と情報は、スコープでもスケールでも他省庁を凌駕《りょうが》するわけで、それが2000日も続いたら、総理官邸5階の中にある蓄積は、どんな役所のどれほど目端の利いた人にも想像がつかない。

また、隣接する衆議院議員会館にオフィスを構える代議士の誰彼にとっても、同じく想像しがたいものになっていると見て、まず間違いありません。

これを「官邸支配」だの、「一強」だのと批判する人たちは自民党の中にすらいますが、こんなに本末転倒の議論もありません。５年以上続いていながら、他を圧するだけの情報量をもてないような官邸は、一切仕事をしていない官邸でしょう。

私たちが高い授業料を払って学んだ経験とは、弱い政治、決められない官邸、すぐにいなくなる総理では、日本の難題は深まるばかりだったということのはず。違いますか。

求められる統治者の目

「権力は腐敗する」のだそうです。「絶対的権力は、絶対的に腐敗する」のだと。

名文句を簡単に調べられる「ウィキクウォート（Wikiquote）」によれば、この言葉（Power tends to corrupt and absolute power corrupts absolutely.）の「発明者」は、英国の歴史家でアクトン卿（男爵）なる人物。福澤諭吉より１年早い１８３４年に生まれ、福澤が死んだ１年後の１９０２年に死んでいます。日本はもとより英国でも、普通選挙さえ未然の時代の人でした。

100年以上経って、民主主義政治の透明度やチェック機構の力が格段に上がった今でもまだ使われているということは、名言の名言たるゆえんです。が、実は中身が融通無碍《ゆうずうむげ》、いかようにも自由な解釈を許すので、生き延びたとも言えそうです。

「絶対的権力が絶対的に腐敗」した、真に壮大な実例を、私たちは中国を見て、その大躍進期や文化大革命期の様子で知っています。大躍進のときは、まったくの人災として、数千万人の餓死者が出ています。驚くべき規模、もちろん人類史上最悪です。

近代においては、そもそもあらゆる人間の人事を一元的に管理する仕組みは、ソ連共産党とともに生まれ、中国と北朝鮮に伝わりました。共産党とは、国中の人事を扱って、生殺与奪《せいさつよだつ》を握った巨大人事部です。それこそが絶対的権力をつくり、かつ、それぞれの国で、密告、裏切り、賄賂、暗殺といったおぞましいまでの権力の濫用《らんよう》と腐敗を生んだわけです。しかも、完全に過去のものになったと言うこともできません。

私は、スターリンのソ連、毛沢東の中国のような絶対的権力などそれこそ絶対的に生じようのない現代日本でアクトン卿のこの言葉を用いたがる人たちは、インテリを装って利口そうに見えるからつい使ってみたい人であるか——その場合、中学2年生並みの稚気《ちき》に満ちた人物だということになりますが——、あるいは手にしたこと、奮《ふる》ったことのない権力なるものを一度は手中にし、他人を操ってみたい人ではないかと想像するのです。

腐敗する一歩手前の、いちばんおいしい段階で、分厚い肉を味わってみたいとばかり、権力なるものに憧れを抱いている、そういう類の人たちこそが、右の警句を発したがるのではあるまいか。本当にそんな人に権力を握らせてしまったなら、何をするか知れたものではありません。一度も権力にあずかったことのない勢力に、やすやすと政権を渡すことに慎重でなくてはならない理由は、ここに由来します。

それでは、統治者に見えている景色とは、どんなものなのか。

一口に言ってそれは、やりたいことに比べて、できないことがあまりにも多い世界です。

日本の福祉支出は、何もかも合わせると120兆円あまりです。後に再述しますが、これは、米国、中国、ロシア、サウジアラビア、フランスという世界五大軍事支出大国それぞれの軍事予算を全部足したものと、ほとんど同額なのです。

2017年、安倍総理は衆議院を解散し、総選挙に臨むに当たって、福祉を「全世代」向けにするため、消費税増税分の使途を変えると訴えました。お年を召した方の福祉を、取り上げることなどできません。しかし長い目で見たとき、本当に支えるべきは、次の世代を生み、育ててくれる若い男女です。そこを婉曲《えんきょく》に言ったのが、あの「全世代」向けという言い方でした。

米国からフランスまでの軍事予算を合わせたのとほぼ同額を福祉支出に使っている

国で、劇的な政策変更などおよそ不可能です。中国や韓国は、なにかにつけて日本が軍国化すると言いたがります。しかし防衛予算を増やしたくとも、一挙に倍、また倍などと増やしていくことなど、日本ではできっこありません。

また例えば、学校の先生を増やしたいとします。警察官を増員したい、海上保安庁の人員をもっと増やしたいと考えたとしても、すべては予算との兼ね合い。そしてその予算で最大の支出項目は、福祉と国債償還関連の、一種の固定費。どうにもこうにも変化をつけられないものなわけです。このように、財政面での縛りを、権力者は意識する、しない日はないと言っていいでしょう。

また、政策のうち、閣議で決めて即座に実行できるようなものは、今の日本にありません。この本を読みながらでいいですからすぐに官邸ホームページ（www.kantei.go.jp）を訪れて、そこの「閣議」欄を見てみてください。毎回の閣議の概要を見ると、国会に提出する案件が、ずらりと並んでいます。あとは、大臣の海外出張を「了解」する件とか。

つまり法律をつくるか、変えるかしないと施策を打てない国が、私たちの国なのだということです。もし絶対的権力を絶対者の自由になる権力と解釈するのなら、そんな権力には発生の余地すらない国が日本です。

一つひとつ、面倒をいとわず法律にし、あるいは改正をしない限り施策が実行できないという縛りがあるため、先ほど言ったように全省庁の職掌範囲をすべて眺める総理官邸の中から見た場合、ほとんど３６０度どちらを向いても、閉まったドアだらけ、必死にこじ開けなければ何も進められない、といった景色として見えているのです。でもそのことが、官邸の外の人には想像できません。

技術開発に余念のない研究者は、ときには40時間ぶっ続けで働きたいことがあるはずです。そういう働き方ができるようにしておかないと、日本の未来に疑問符がつきます。まさにそれを許し、労働規制に特例をもたらそうとする「高度プロフェッショナル」制度の立法が、野党の抵抗で２０１８年通常国会ではいっこうに進みませんでした。カジノを含む統合型リゾート施設の建設を許す法案も、同様でした。挙句に、会期を大幅に延長しなくてはならなくなった。

野党や、一部メディアは、堂々巡りの「モリ・カケ」ばかりを取り上げ、それに審議時間を使うだけ使わせた結果、安倍政権の立法能力に深刻な打撃を与えることに成功したわけです。

それは安倍総理と内閣の支持率を下げるか、少なくとも上げない結果に繋がります。すると、自民党の、選挙に弱い議員たちの間に、すぐさま動揺が走ります。総裁候補を目指す人たちには、総理の背後からタマを撃つ卑劣な行いにあえて踏み出す手合いが現れます（実際に踏み出す人、留まる人とがいて、違いは人品骨柄《じんぴんこつがら》に表れる）。憲法改正論議など、総理が始めてもらいたいと思っても、自民党が一枚岩にならないという状態になる。これも野党の思惑通りでしょう。

また、そんな状態でも、予定していた外遊は実行しなくてはなりませんが、外遊のすべては、国会との関係で、いっさい余裕のない強行軍になります。それが総理の健康をむしばんでくれればよいがと、そんな計算も野党の人たちにはあるはずです。

衆参両院で圧倒的に数の優位をもっているのだから、重要法案など野党を無視してどんどん通せばよい、という意見は、理屈としては成り立ちます。しかし一度や二度は実施し溜飲を下げることができるのだとしても、毎度毎度、これを続けることなど現実には不可能です。国会が機能停止になってしまえば、政権も直ちに暗礁に乗り上げますから、国会運営はやはり慎重に進めざるを得ません。

その間にも総理は国会に始終呼ばれて椅子に縛り付けられ、ほかのことが何もできません。もしかしたら腰痛も起こしてしまう。そんな中でも厳しい外遊日程をこなすうち、風邪の一つもひいて帰れば、重篤な病だとあらぬウワサがすぐに立って、待ってましたとばかり総理の足を引っ張る人たちがまたぞろ現れる。どこまで行っても、総理に圧力がかかり、かつ、次第に増加するようになっているのです。

権力者・安倍晋三に見えている風景とは、このようなものです。それでもひるまず、望ましい政策の実現に近づこうとするなら、体力、気力とも、誰にも負けないだけのものを維持していないといけません。安倍総理が、なぜ毎朝、父・晋太郎や、祖父・岸信介の位牌を並べた仏壇に手を合わせるか、私には想像がつく気がします。「今日また一日、くじけずに頑張ります」と、決意を述べて、加護を頼んでいるのでしょう。

権力とは、どんなに使えないものかを知っている人。だからこそ毎日自らを叱咤《しった》し、激励して、一歩ずつでも前進の努力をやめない人。そういう人を、統治者としてふさわしい人と、私は呼ぶべきなのだと思います。安倍総理は、第一次政権での失敗、第二次政権での経験を通じて、このような意味での統治者として、自らを育ててきた人物です。

力の限界についての尖鋭《せんえい》で具体的な認識をもち、だからこそ、課題を成し遂げるには、なにをどうすればよいか沈着に思慮を巡らせることのできる人物。それが民主主義体制をとる日本のような国の、統治者のあらまほしき姿でしょう。G７サミットで集まる指導者たちは、程度に差こそあっても、みな同じ悩みを抱えています。そこに同僚意識が高まる。また、長く政権を維持する安倍総理に、尊敬が集まるゆえんがあります。

統治者に見えている景色としてあと一点付け加えます。

それは、物事を動かすには、自然と人が望ましい方向に動くよう、大枠をどうこしらえていくかを常に考えなければならない、という現実です。

これは、経済を再び強くしようとあの手、この手を打てば打つほど、安倍総理に見えてきた絵柄だと思います。ここでは簡単に触れるに留めますが、出生率をどう上げるかという問題を考えるなら、おわかりいただけるでしょう。

特効薬や即効性のある妙案など、何もありません。強制力を行使して、子どもを産ませることなどもちろんできません。じわり、じわり、若者が未来を少しずつでも明るく眺めるようになって、結婚を考えるか、結婚しないまでも、子どもをもとうと思うようになってくれるかどうか。気の遠くなるような課題ですが、安倍総理の立場でどうこれを整理してとらえているかを考えてみると、毎日毎日、自分に次のように言い聞かせる、ということではないでしょうか。

「未来を悲観する人たちを、できるだけ少なく、将来を明るくとらえる人たちを、なるべく増やしていこう。そのためには政策の力点を、できる範囲で将来世代に振り向けよう」

「自分は、日本は、何ができるか」を問う

今言いましたように、どんなに強い権力者にも、限界があります。そうした限界に対する感覚があるか、ないか。統治者としてのものの見方が身についているか否かは、そこだろうと思います。

自分の力の範囲を知ることは、国と国との関係において、決定的に重要です。

よくある意見、例えば、中国やロシア、韓国や北朝鮮に対して「弱腰になるな」という意見を、どう考えるべきなのでしょう。

一発逆転満塁サヨナラホームラン、といった類のスカっとする解決法は、国際関係においてあり得ないという認識を、まずはもつことです。くどいようですが、それがあるかないかは、統治者としての責任意識の有無と、コインの裏表です。

今も、これからも、未来永劫《えいごう》変わらない日本の存立条件とは、ユーラシア大陸東岸沖に位置する島国で、対岸にロシア、朝鮮半島、中国を抱えているという現実です。この地理的事実は、絶対に変わりません。これら諸国相手にいっときスカっと溜飲を下げたとしても、彼らとの交際は永遠に続きます。長い尺度の時間感覚が、必要になってきます

とりわけ中国との付き合いは、日本にとってのみならず、一種の世界史的難題です。

２０４９年、中国は、共産党支配百周年を迎えます。

今から31年後。習近平国家主席は96歳。もしかするとそこまで生きて、支配を続けている可能性がゼロではありません。

しかしその習主席にしたところで、今後10年、20年、中国がどんな国になるか予測は困難でしょう。自由と民主主義を実現するプログラムなど、あるのか、ないのか。

習近平主席の心の奥など、誰にもわかりません。

日本という国は、将来を見通すことが極めて難しく、なおかつ人類史に例のない規模まで経済と軍事力を伸ばしつつある国を、すぐ隣に抱えています。朝鮮半島の今後についての予見可能性も、このごろではますます低くなりました。

今後のこともさることながら、足もとを見ても、尖閣《せんかく》諸島周辺への中国の挑発が依然として続いています。南シナ海では、中国による恒久的で軍事的な構築物の設置が、すでに既成事実となりつつあります。

緊張の休まるいとまがないこのような環境の中、日本はこの10年あまり、豪州、インド、さらには欧州諸国のうち、太平洋になんらかの勢力をもつか、少なくとも関心を維持しているフランス、英国といった国々との関係を強化し、日米同盟と合わせて日本の地政学的戦略空間を支える柱にしてきました。

米国の今後も、完全に見通せるわけではありませんし、相対的に見て、米国の国力は以前より見劣りしていくでしょう。

「そんな米国に、いつまでもついていくのでいいのか」と、いぶかる人たちもいることでしょう。

しかし「統治者の目」をもって事態を眺めようとする安倍総理にとって、右のような問いも、決して問いたり得ません。

安倍総理が問う問いとは、「米国に、西太平洋、東アジアから、身を引かせないようにするには、日本は何をすべきか」です。

より一般化するならば、「かくかくの事態が起きたらどうしよう」と憂慮するのでなく、「かくかくの事態が起きないようにするため、自分は、日本は、何ができるか」を問う。それが、学者でもなければ評論家でもない安倍総理が、日本の未来をあずかる立場として、責任ある者として問う問いなのです。

日米同盟を捨てたところで、同じくらい強い別の国が、日本と条約上の安全保障義務を結んでくれることになる事態など、およそ考えられません。

すなわち日米同盟とは、「なくなっ

2017年11月5日、来日したトランプ米国大統領とのゴルフ及び両夫妻夕食会。大統領を出迎える安倍総理

たらどうしよう」と心配すべきモノなのではなくて、「これからも意味をもつ同盟として維持するため、今、日本は何をすべきか」を考えるべき対象なのです。

ドナルド・J・トランプ大統領のように、今言っていることが明日も同じかどうか、わからない人、本音のところで日本を大切に思っているかどうかも窺《うかが》い知れない人と、どこまで関係をもつべきか。

そんな疑問をもつ人もいるでしょうが、もうおわかりでしょう。

安倍総理が自らに問う問いとは、「誰が米国の大統領であれ、その大統領と、最も強い関係を結ぶには、自分は何をすべきか」という、いつも自分の課題として戻ってくる問いです。それ以外ではあり得ません。

逆に、もしも、と、想像してみてください。

もしも日本の総理大臣が、米国の大統領から、ツイッター上で徹底的に攻撃され、「弱虫だ。ナサケナイやつだ」となじられさえする状態だったら、どうでしょう。「オレがいるときに言うことと、あとで言うこととで全然違う。卑怯《ひきょう》なヤツだ」だとか、「ゴルフを誘ったが、やんわり断ってきた。二度と誘ってやらない」、だの、果ては「拉致問題をオレにいろいろ言っていたが、ものには優先順位がある。ヤツはそれがわからないんだ」などと言われる状態だったら？

もちろんこれらは、まったく架空の状況を想像したものです。しかし、カナダのジャスティン・トルドー首相はじめ、ツイッター上で、トランプ大統領から悪しざまに言われた指導者は、現に存在するのです。

今の北東アジアの緊張した状態で、日本が米国の大統領からそんなふうに罵られる人物を総理にかついでいたとしたら、日本国民の不安は、一体どれだけだったことか。

一つ確実に言えることは、もしそんな状況だったら、モリトモの、カケのと、膨大な時間を徒費するゆとりなどまったくなかったはずだということです。

野党や大手メディアが「モリ・カケ」で貴重な国会審議時間を奪って平然としていられるのは、まったく皮肉なことに、安倍総理とトランプ大統領との間が、とても強固な関係だからこそ、なのでした。

米国の憲法は、米軍に対して、米国が他国と結んだ条約を遵守するよう義務づけています。米国の兵隊は、兵隊になるときに（どこの国でも同じですが）、憲法を守ると誓約して兵隊になります。つまり、憲法を遵守する義務がある米軍将兵は、条約を守る義務がある。もし条約に背くことをすると、それは憲法違反になるという理屈です。

日本の防衛義務を、そんなふうに憲法上の義務として自らに課す軍隊は、米軍のみ。繰り返しますが、米軍にそんなふうに強固な日本防衛義務を課すことに成功したのは、岸信介だったというわけでした。

しかし、以上はあくまで紙に書かれた理屈にすぎません。理屈は理屈として、例えば尖閣諸島が本当に中国から攻撃された場合、いざとなればその米軍でさえ、後ろを向いてアカンベーするかもしれません。「まさか」に備えて何をすべきか考えるべきです。

米国から、「一応約束はしているけれども、本当はお前のために血なんか流す気はない」と内心思われる関係になるか、「お前が困ったら助けに行って血を流すぞ。お前のためなら兵隊は命を賭けるぞ」と心底言ってもらえるかは、決定的に重要なポイントです。

私が、安倍総理を見ていて偉いと思うのは、バラク・オバマ前大統領のように、人生観も世界観も、安倍総理とは水と油ほど違う指導者に「尖閣を守る」と言わせたことです。

そしてまた、オバマ氏とまるで正反対の政治家といっていいドナルド・トランプ氏が大統領になったときには、トランプ氏の懐へと真っ先に飛び込み、堂々と日本の立場を説明したうえ、トランプ氏に「シンゾー、お前はウォリアー（武士＝もののふ）だな」、「いざとなったら尖閣も含め、日米安保条約の規定通りに日本を守る」と言わせたことです。

簡単なことではなかったはずです。「お願いします」と平身低頭、すがればいいワケではありません。そんなことをしたら、かえって軽蔑《けいべつ》されるでしょう。

第二次政権発足以来、安倍総理は自身の政治力をすり減らしながらでも、必要な施策を導入してきました。

第一には、平和安全法制によって、限定的とはいえ、集団的自衛権を行使できるようにしたこと、すぐそばにいる米国の海軍艦船を防護することも可能にしたことは、なにより重要でした。「あれをもしできていなかったら」と想像するだに、ともすると「日本は米国の軍事力に、タダ乗りしている」と、言いたがるトランプ大統領の手前、日米関係はもたなかったかも、と、総理を含め背筋がぞくっとした人は少なくあるまいと思います。

国家安全保障局をつくり、特定秘密保護法も導入しましたから、日本は戦後初めて、軍事機密をきちんと米国とやり取りできる国になりました。これも、もしできていなかったなら、北東アジアの情勢が急を告げれば告げるほど、国民心理を不安にしていたはずです。

日米同盟とは、最初の形を吉田茂が整えた１９５１年以来数えると、67年続いたことになります。建国以来の米国の歴史は２４０年超。米国は、その歴史全体の３分の１近くを、日本との同盟関係の中で過ごしてきたことになります。しかも米国にとっての日本は、陰惨な戦いを戦った敵国でした。人類史に類例のない同盟関係です。

しかしそのうち１９９０年前後までは、冷戦が続いていた中でのこと。日米は、経済と貿易でどんなにいがみ合っていても、安全保障となるとすべてを棚上げし、協力する関係でした。冷戦は、日本と米国を強固に結ぶ強い接着剤だったと言い換えることができます。

この要素はもうありませんから、総理が米議会で言った通り日米同盟を今後とも「希望の同盟」として活《い》かし、伸ばしていこうとするなら、日本側の不断の努力が欠かせません。それはすなわち、太平洋からインド洋へと連なる広大な海やその上空というスペースを、法の支配が行き渡り、自由で開かれた場所として維持するには、日本は、責任ある働きをしなくてはならないということを意味します。

日米関係が盤石でなければ、中国は、日本を軽量級としてしか見ないでしょう。軍事力において日米はいつも合算。集団的自衛権の行使ができる状態ができた今、北京はむしろ日米軍事力は相互に補い合う掛け算の関係だと見ざるを得ません。

ここまで来て初めて、中国は日本との関係改善を積極的に求めるようになったのです。それがどうやら本気だということは、2017年の5月、安倍総理が憲法第9条の改正案を口にしてこのかた、それに対する表立った批判を北京指導者の誰もせず、きわめて抑制的に振る舞っているところにも感じ取れます。日本を見くびれないと思えばこその、こうした変化です。これは安倍総理にしかできなかったことだと、私は見るわけです。

日米関係の大切さについては、後でまた述べることにします。

安倍流アンガー・マネジメント

ここまでページ数を使って、統治者とは、おのれの力の限界について、よくわきまえている人のことではないかと言ってきました。立ち込める暗雲がどれだけ鬱陶しいものでも、一気に晴らすことなどできません。かといってめげてしまうのでなく、どうやったら少しずつでも晴らしていけるか、周到に戦略を立て、地道な努力を根気よく続けていける人のことでもあります。

それに安倍総理を見ていてつくづく思うのですが、総理たる者、自分の感情のコントロールが、よほどできないといけません。

人間、いつも身近にいる人に、よけい憤懣《ふんまん》をぶつけたりしてしまうものでしょう。総理の最も身近にいる人といったら、警察が送り込んだＳＰたちです。献身的に奉仕する彼ら警察官たちに、総理が渋面をつくったり、ましてや声を荒らげたりする様子が一度でも世の中の知るところとなったら、その瞬間、その総理の統治力に大きな疑問符がつくでしょう。

毎日毎日、２０００日以上、総理は感情を抑制し、疲れていようが、いらいらを溜めていようが、誰にも八つ当たりしたりしないで、基本的にはごく機嫌よく、務めを続けているのです。読者の皆さんは、今まで付き合ったボスたちの何人が、そんなだったか思い出してみてください。

それでも「モリ・カケ」の不毛な国会が連日続いていたときのこと、私は総理に、「腹が立ちませんか。どうやって我慢するんですか」と水を向けてみました。

するとこういう問いには間髪容《い》れず答える安倍総理らしく、「呼吸法があってね」と。「交感神経とね、副交感神経のね、バランスをとるんだね。そうすれば、気持ちが落ち着いてくるんだけど、それには息を吸うとき4拍で吸って、つまり1、2、3、4って数えながら吸ったら、吐くときは8拍で、1、2、3、4、5、6、7、8ってゆっくり数えながら吐く。それで落ち着くんだね」とのことでした。安倍流アンガー・マネジメント、怒らない極意です。お試しください。

私は、それを聞いてなるほどと思いましたが、それにも増して、安倍総理の場合、第二次政権発足以来、5年以上にわたって培ってきた自信が大きいと思います。

よく報道各社が実施する世論調査の結果が話題になります。かんばしくない状態が、しばらく続いても、安倍総理の様子から影響を読み取ることはできません。

週末実施された世論調査は、月曜の新聞朝刊に載ります。週の始め、翌火曜、定例閣議の前日の月曜ともなると、外務や財務各省の次官または次官級、各局局長が総理執務室を訪れます。

それら各省幹部があなどれないのは、法案や予算を支障なく通すため、与党議員のもとに若い時分から通い詰め、その間に政治家の値踏みをする眼力を育てているわけです。

ですから世論調査で低い数字など出た直後は、彼らはその習性として、執務室で対面する総理の表情に、何かを読み取ろうと鵜《う》の目鷹《たか》の目になるのが自然。もしも総理がいつになくしょげ返った様子だったりしたら、彼らは本省の自分の部屋に戻って、黙ってなんかいません。「いやあ、総理も、さすがにちょっと疲れてたよね」とか、「あれは支持率が下がったからかな」などと、言うに違いないのです。浅はかな発言です。しかし国の最高指導者に会って、その息遣いを聞き、顔色を近くで見ることのできる人など、霞が関広しといえどもそうそういるわけではありません。だからこそ、つい言いたくなってしまう。自分はそれだけのことができるんだぞ、と、少し自慢をするためにも。

安倍総理に限っていうと、今まで支持率が低下したことが何度あったか知れませんが、こういう無責任な風評の拡大を生んだことが一度としてないことにも、意をそそいでほしいと思います。感情の自己コントロール力に加え、支持率が多少上下したところで、おたおたしてはかえって良くないとわかっているからでしょう。そしてそれは、山をいくつも乗り越えて、難題を実行に導いてきた自信のなせるわざだろうと思うわけです。

安倍嫌い世代の「バブル」

本書を手にしているような人はそうでもないでしょうが、安倍晋三という人物を本能的に嫌う人たちが確かに存在します。

世論調査の結果は、面白い事実を伝えています。40歳代半ばを節目として、それより上が、だんだん安倍嫌い。下の、若い世代は、だんだんと安倍支持と、分かれます。日本に特殊な現象です。米国ではバーニー・サンダーズ、英国ではジェレミー・コービンというといずれも左翼、いっそ社会主義的といってよい主張をなすお爺ちゃんたちが、大学生はじめ若年層の熱い支持を集めたのが、ごく最近の状況でした。英米の若者は、現職政治家を嫌うあまり、うんと左にシフトした。日本は違うわけです。若者の過半が、現職の安倍総理を支持。年齢が上がるほど安倍嫌い、と、英米に比べ正反対です。

どうしてかを分析した、学術的な研究があるのかどうかは知りません。

でも雇用環境がこれだけ良くて、新卒の求職者は、大卒者だけでなく高卒者も、100人中98人が安定した職場に採用されているという空前の活況。それが若者にアベノミクスを評価させ、安倍支持の高さに繋がった――ということは大いにありそうです。

では年齢の高い層は、なぜ安倍嫌いなのか。

「バブル（泡）」というと、日本ではいつも金融と関連し、資産価格が実体から大きく離れ、正当化できないくらい高い値段をつけてしまうことを指します。いつでもパチンと弾けてしまいかねない、というわけです。

でも英語で「イン・ザ・バブル（in the bubble）」というと、その一つの意味合いとして、自分を風船玉の中に閉じ込めて、外の世界は膜がかかったみたいにぼやけて見えている状態、外で何が起きているか気にせずにやっていける状態をいう場合があります。

日本の戦後経済成長は、１９７３年の第一次石油危機で終わりを告げました。かたやベトナム戦争は、サイゴンが陥落、完全に終結するのは75年の4月ですが、73年には、すでにパリを舞台にベトナム和平協定の調印が終わっていました。

他方、高度成長が始まったのは１９５０年から53年まで続いた朝鮮戦争がもたらした、米軍による日本経済に対する「朝鮮特需」がきっかけでした。

してみると、日本が高度成長を始めてから終わるまでの期間きっかりまるまる、米国は初め朝鮮の凍土に、後にはインドシナの泥土に兵士を惜しみなく送り込んで、ひっきりなしに共産勢力と血なまぐさい戦いを戦っていたことになります。

そのせいで共産勢力は陸上に張り付けられ、海に押し出ることなどできませんでした。その間日本は、海は安全と思い込んだうえ、インドから鉄鉱石、中東から石油、天然ガス、オーストラリアからも鉄鉱石、粘結炭、天然ガスなど資源を自由に輸入し、最終製品はもっぱら米国で売り捌《さば》くという、成長の図式を享受できたのです。

この期間の最後、大学紛争の時代に、（授業はありませんから）デモに行くか、さもなければ麻雀屋、パチンコ屋に行くかしていた男子学生と、彼らのようにデモに行きたくても履いていく靴がなく、ズボンもなくて、よしんばあっても密集隊形をとって腰だめで隊列を組むジグザグなデモにはかえって邪魔だから入れないせいで、指をくわえて見るしかなかった女子学生たち。就職や親の目を気にして、要するにデモが怖かった人たち。

彼ら彼女らは今ちょうど60代半ば以上。先般物故した俳人・金子兜太《とうた》の墨蹟《ぼくせき》になる「アベ政治を許さない」という文句をプリントアウトしたのをもって、官邸前にやってくる人々です。形相は必死。でも捕まる心配はなく、安全な行為です。

高度成長と自らの成長を見事に同期させた彼らくらい、「バブル」の中で大きくなった世代もありません。平和とは、生まれたときから空気のようにそこにあるもので、米国が日本の代わりに守ってくれているものだなどとは、一度も思ったことがないでしょう。

米国が朝鮮やベトナムで流した血は、いわゆる米国内軍産複合体の利益のため、日本を支配し続けるため、かつまた米国帝国主義をアジアに押しつけるためだと、当時の知識人たちが言うのを、さして異とせず聞いた世代です。

自分たちの国をいい国だと吹聴したり、国旗を仰視し、国歌を斉唱したりするのはやってはいけないことだと思い込んでもいる彼らにあるのは、自分が日本人であることへの根深い羞恥心《しゅうちしん》です。

日本とは、一度全世界を敵に回して破滅までする暴挙を犯した国なのだから、いつまたそうなるかもわからない。

ほんの少しでもナショナリズムを掻き立てるような動きがあるなら、早いうちに摘んでおかなければ、自分たちは過去の過ちをまた繰り返してしまうのじゃないかと、おおかたそんなふうに思っているのでしょう。

ということは戦後70年の蓄積や、最近20~30年の様々な制度変化や、国際関係の深まりなど、もろもろの結果として日本の制度がどんなふうに透明に、かつ民主主義的なものになっていようとも、彼らはそれら、言ってみれば自分たち自身で築き上げてきたはずのものに、いつまで経っても信を置けないのです。それは自分で自分を信じられないのと、ほとんど同じことだと言っていいのではないでしょうか。

文藝春秋のような月刊誌、週刊文春のような週刊誌、それに紙媒体としての朝日、毎日、東京など新聞を最もよく読むのは、この世代です。大手新聞テレビが週末にかけてよこす発信者不明の電話を律儀にとり、世論調査に答えてやろうと思うのは、渋谷のスクランブル交差点を今まさに渡ろうとしている若者であるよりは、自宅の居間にいる人たち、その多くはこの世代です。

だから、かつては左翼に対する保守の孤塁を守った文藝春秋が、今ではすっかり転向して、安倍批判をもっぱらとします。世論調査は、おそらく若者主体に聞いたときに出るだろう数字より、相当安倍総理に対し辛目の結果になるわけです。しかもこの人たちは投票所に必ず行く層でもあって、その政治力たるや、まったく侮れません。

さればといって、安倍総理はこういう人々に、腹を立てているでしょうか。

腹を立て、官邸前のシニア反政府集団をゴボウ抜きにするような対応は、これをもしとったとしたら日本中、果ては世界中で大きなニュースになること必定ですから、コストパフォーマンスにおいてあまりにも見合いません。

あくまでもマクロの視点、大局を俯瞰《ふかん》する視座に立って、若者が希望をもちやすい社会、努力する人が報われる社会、そして弱い人が相応の保護を受けられる世の中をつくるという施策に邁進《まいしん》しようとするでしょう。それこそが統治の王道だと自分に言い聞かせているだろうと思うのです。

ちなみに、官邸前を警備する警察官たちこそは気の毒です。

日本の警官は、どうもサングラスの着用が許されていないようですが、強烈な紫外線が差す日など、官邸周辺で立ち続ける彼ら、彼女らを見るにつけ、必ず目を傷めてしまうだろうと心配でなりません。

また、通りを挟んだ向こうから、妙なメロディーに乗せた安倍批判の歌ですとか（井上陽水「夢の中へ」の替え歌などもあります。あの歌を十代のころから好きだった私には、許しがたい気がしました）、これ以上ないくらい口汚い言葉に乗せ安倍批判を続けるのを、我慢して聞いていないといけないのも彼らです。

けれども、もしもシニアのおばさんが、興奮のあまり卒倒するとか、熱中症で昏倒し、打ちどころが悪くて死んだりしてしまうと、「75歳の樺《かんば》美智子」の誕生などということにもなりかねません。外国メディアも好んで取り上げるでしょう。ですから官邸前警察官の警備は、シニアな男女をせいぜい思いやるものにならざるを得ないわけで、目を傷め、神経をいら立たせる環境の中、彼ら、彼女らの抑制的対応は、常々見上げたものだと思っているのです（樺美智子は、１９６０年「安保闘争」当時東大の活動家。国会前デモで圧死。殉教者同然の扱いを受け、シンボル的存在になり、手記もよく売れた）。

その夜「トゥーランドット」が大音響で

安倍総理の祖父・岸信介は、後に「樺美智子さんについては」と問われ、日本の警察力が未熟だったという意味の答を与えています。

警察が強くて、訓練が行き届いていればいるほど、言い換えると怖い警察であればあるほど、デモ隊に被害が出ないという話は、一見矛盾のように聞こえるかもしれませんが、本当です。

警備に当たる警察の隊列が乱れ、警官が一人デモ隊に囲まれたりしたら、恐怖のあまり警棒で相手を乱打しないとは限らない。銃の引き金を引いたりしたら、死者かけが人が出ます。だからデモ隊警備はいつも集団で、隊列を崩さず実行しなくてはなりません。

そこまでの訓練と成熟が、当時の日本の警察にはなかったという反省。いかにも統治する者の反省です。かつまた、真実味に満ちた回顧です。

実は1960年安保闘争のときは、安保条約の発効を祝し、ドワイト・アイゼンハワー米大統領が訪日する予定でした。その打ち合わせのため、ホワイトハウスの報道担当官だったハガチー氏が、6月10日羽田空港にやってきます。

そこから、米国大使館に向かおうとしたクルマが、デモ隊に包囲されてしまい、まったく動けなくなった。やむなく米海兵隊が差し回したヘリコプターに、海兵隊護衛のもとで乗り込んで、やっとその場を離れられたという事件がありました。ハガチー事件です。ちなみに今の在京米国大使と同じ姓です。

報道担当官に対してすらこの騒ぎです。とてもじゃないが大統領はお呼びできないというわけで、岸はそれを理由に、安保条約の成立を待って辞任しました。せざるを得ない重大事だったでしょう、間違いなく。

この件にしても、岸はデモ隊をなじりません。デモ隊にそんな暴挙を許した警察力の未熟を、自分の課題として肝に銘じたわけです。

これが安倍さんの祖父、岸信介を見舞った事態でした。幼い子どもだったとはいえ、当時をよく覚えている安倍総理にとって、今、国会前や官邸周辺に現れる人たちは、祖父が対応せざるを得なかった群衆に比べれば、よほど「平和的」だと見ていることでしょう。

それでも平和安全法制が国会にかかり、連日多くのデモ隊が官邸周辺に来ていたころ、総理は自宅でめずらしく、オペラを大音響でかけた一夜があったと、これは昭恵さんが後にふと漏らしたことでした。かけたのはプッチーニ『トゥーランドット』。「誰も寝てはならぬ」という、荒川静香選手がトリノの五輪で金メダルをとったフリー演技で流した曲を含むオペラだったといいます。なんでも、そのとき葉巻も吸っていたとか。

微苦笑しただけの総理に、そのとき何を思ったか誰もつっこみませんでしたが、一夜、祖父に対してと同様、歴史は孫である安倍総理にもよく似た使命を課したことを、しみじみ偲《しの》びたくなりでもしたのでしょうか。腹立ちまぎれなどでなかっただろうことは、まず間違いないところです。

ふだんの安倍総理はというと、まず渋谷区の私邸に帰ることで、気持ちを切り替えること。2時間かかる映画は仕事に差し支えるとのことで、1時間で収まる米国のドラマ・シリーズ（ハウス・オブ・カード、ロー・アンド・オーダーなど）を見ること、歴史小説など軽めの本を読むことで、第二次政権発足以来、基本的に快眠状態を続けているようです。非常に重要な節制です。

第3章

見えてきた日本の新しい姿

官邸慣例の〝お茶飲み会〟とは

もう少し紙数を使って、安倍官邸の安定を支える要素を見ていきましょう。

最も肝心なことは、トップの安倍総理が自己抑制を利かせ、いやなことを長く引きずったり、誰かを強く不快に思ったりすることなく、基本的に気持ちを平静に保っているところです。

秘書官や、警護官への態度はすでに触れました。一国の総理大臣に、大声を張り上げて叱り飛ばされでもしたら、怒られた方は二度と総理に正対し、目を合わせられなくなるでしょう。安倍総理は昔も、今も、一度もそんなことをしていません。

睡眠など努力し確保しようとしたとしても、到底足りてはいないはずですが、それで不機嫌になったりするようだと、すぐに壊れてしまう仕組みを、安倍総理はもっています。

その仕組みは壊れないまま続いているわけで、逆に言うと、総理における自己抑制ぶりがそこから見てとることができます。

仕組みとは、官邸キーメンバー6人による昼食後の茶飲み会です。

総理、菅義偉内閣官房長官、それから衆議院議員の西村康稔官房副長官と、参議院議員の野上浩太郎官房副長官、事務方で、元は警察庁の杉田和博官房副長官、そして政務秘書官の今井尚哉氏です。

15分程度、総理の執務室でという諒解《りようかい》があるようですが、えてして1時間くらいに延びることがあり、茶飲み会という触れ込みながら、お茶のない日も珍しくないとか。

それぞれに総理と相談したい話を多々抱えているでしょうが、この機会に話をし、指示をもらえてしまいます。能率という点で、まことによろしい。

そもそもは、世耕弘成・現経済産業大臣が第二次政権発足とともに内閣官房副長官となって官邸入りしたとき、第一次当時の反省を踏まえて、提案したアイデアだったと、これは世耕氏からじかに聞きました。

官邸5階を含め、官邸内の間取り（フロアプラン）は安全対策上、門外不出です。が、5階は真ん中に吹き抜けを抱き、周囲に総理と秘書官、官房長官とその秘書官、また副長官3氏とそれぞれの秘書官が部屋をもつ配置になっています。

存外に大きな建物で、副長官の誰かが総理に会おうとすると、まず秘書官室でそのアポを取り付けたうえ、かなりの距離を歩かないといけません。互いに顔を合わせて話をする機会はおのずと減り、とかくするうち、相互に疑心暗鬼を生むこととなりかねない――。

それが世耕氏の案じたことでした。そこで同氏は、用事などあろうがなかろうが、総理が官邸にいる日は必ず茶飲み会をやろうと提案したのだといいます。

この習慣が、5年半経《た》って、6年目になろうとしている今、欠かさず続いているというそこのところに、私は総理が極めて情緒の安定した人物だというその証拠があるように思うわけです。いかにもイライラしている総理に、腫《は》れ物にでも触る類《たぐい》の応接が必要になるような集まりだったら、長続きはしないでしょう。

それにしても妙案でした。また、よくもここまで、持続させてきた。

私は20年経済記者をし、国内外で、いろいろな企業、銀行の、社長や頭取たちに会いました。ドイツ銀行ですとか、GMですとか。世界的に著名な優良大企業の奥の院、社長応接室に入った経験が、幾度もあります。日産自動車を買収し、経営者として乗り込むことが明らかになったばかりのころ、カルロス・ゴーン氏に初めて長いインタビューをしたのは、私でした。セーヌ河畔、ルノー本社で会ったのを覚えています。

それら大企業のあれこれを思い出してみて、社長と副社長、3人の専務取締役と社長秘書室長が毎日毎日、欠かさず昼食後に会い、四方山《よもやま》話をしている例など、まったく思い浮かびません。安倍総理官邸は、世にも稀《まれ》な、そしてインフォーマルで裃《かみしも》の取れた、情勢分析、意見交換の場をつくり、毎日それを動かしているわけです。

普段は一種の井戸端会議の場。他愛もない話でケラケラ笑っていたりするわけでしょう。でもそれですら、いざというとき必要なツーと言えばカーの関係を強めることとなって、プラスの結果をもたらすはずです。

麻生太郎はステッキが似合うか

ところで、安倍政権を支えている存在として、麻生太郎さんを挙げないわけにはいかないでしょう。その麻生氏、安倍氏の2人は、繰り返しとなるのを恐れずに言いますと、違うタイプの政治家です。麻生さんはいつも「ガハハハ」と笑っていて、有名な愛称が、〝半径2メートルの人〟。ご当人の半径2メートル圏内に入ると、みんな麻生ファンになってしまうというわけです。

「なんだか怖そうだ」とか、口の悪い人には「ドラえもんのスネ夫みたいだ」と言う人もいますが、素顔は茶目っ気たっぷり。気持ちは若いし、何よりも周囲の人々を明るくする才の持ち主です。

麻生さんが初めて外務大臣になったとき、私は外務省で幹部のはしくれでした。一つ位が上の局長クラスには、日本のことを自らいい国だと言うのを心理的にためらう人たちが、少なからずいました。麻生太郎氏は、日本について不当な自己卑下はよすべきだという考えですから、両者は本来水と油。そんな「進歩派」幹部も、麻生大臣と一、二度親しく接する機会を経ると、みなその明るさに魅力を感じ、麻生ファンになったものです。

そんな麻生さんのことをある政治学者（御厨貴氏《みくりやたかし》）が評して、「葉巻と帽子までは、祖父の神器をファッションとして使いこなした。あとはステッキあるのみ。ステッキの似合うファッションをコーディネートできるか否か、『政治を生きる』麻生の正念場はそこだ」と述べたことがあります。どうやらこの評価がたいそうお気に入りのようでした。自分で感じていたことを、ズバリと指摘された気がしたのでしょう。

麻生太郎という政治家は、あの悪ぶりは文字通りのぶりっ子で、その実は大いにシャイな性格の持ち主であることは、少し氏と接した人ならみな知っています。ですから自分の考えも、学者の指摘に託して語るような「間接話法」になるわけですが、では言いたかったのはどういうことか。

ステッキの扱いでも吉田茂並みになるとは、晩節を汚さないということでしょう。麻生氏は2018年9月20日で78歳。節制に努めた元オリンピック日本代表は、いまだに体幹をしゃんと保っているとはいえ、さすが、この人に次のキャリアはありません。

政治家麻生太郎の最終ステージが、うまく終わるかどうかは、ひとえに、安倍政権自体の成否にかかっている。それゆえに、安倍総理を盛り立てて、経済・財政を安定軌道に乗せるその一点に、麻生さんは残りの政治家生命を賭しているのだと、私はそう見ています。それが、晩節をまっとうし、「ステッキが似合う」ようになる道なのだろう、と。

麻生太郎という政治家には、信条があり、奉じる価値観があって、その多くは安倍総理のものとほとんど同じと言っていいほどです（麻生氏の著書『自由と繁栄の弧』をご覧ください）。が、それ以上に、私は美学の人だと思っています。第一次政権が突然終わりを告げたとき、麻生クーデター説なるものが流れましたが、美学に殉じるくらいのつもりがある麻生氏に、そんな汚れた手など思いつくはずもないことは、本書ですでに指摘しました。

何度か、麻生財務大臣室に、行ったことがあります。

麻生さんの行くところ、どこでも同じですが、あのお堅い印象の強い財務省の、しかも大臣室に、明るい笑い声が満ちています。

麻生さんの立場に立って理解しようとしてみると、仕事はそう簡単でなかったことがわかります。国の財政をあずかる役所として、医療費などを着実に減らす向きに、政策の道をつけねばなりません。消費税を、いつまで経っても上げることのできない税金にしてはいられませんから、その日程も、政治に埋め込まないといけません。

財務省の官僚は漏れなく全員、この点で麻生大臣が安倍総理とどれだけ対峙《たいじ》できるか見ています。しかし麻生氏は、安倍総理が消費税増税延期の決断に踏み切るたび、また、法人減税を推し進め、ついに世界的にも遜色《そんしょく》ない水準まで下げようとするたび、財務省をまとめて総理のプログラムに協力してきました。「総理の決断ですから、私はお支えします」。麻生氏は、安倍総理に向かって、きっとこう言ったことでしょう。

永田町の、3棟ある衆参両院議員会館を、財務省の幹部たちは始終歩き回っています。財務省で出世できる人は、まず例外なく、与党議員たちから信頼を勝ち得る人、少なくとも毛嫌いされない人でしょう。とすれば、麻生氏についてあらぬ噂《うわさ》、悪い話をそれとなく与党の誰彼に囁《ささや》き、麻生氏の足許《あしもと》をすくってその財務相としての生命を縮めてやろうと画策する者が現れても、不思議はなかったのです。

ところが何もなかった。そこまでの「ワル」は、今の財務省にいなかったようです。逆に言えば、麻生太郎という政治家は、財務省の中を、その人格的魅力で、おおむね束ねることに成功し、今日に至っています。自分が安倍を支えることを最後の使命とし、安倍を下ろすような試みは、今の内外環境においてあってはならないと思っているということを、財務省幹部たち一通りに納得、承服させているということを意味するでしょう。

安倍総理は麻生副総理兼財務相のこうした無形の協力に、深く感謝しているだろうと思います。セクハラで次官が退任するまでの事態となり、麻生氏に引責辞職を求める圧力があったやに言われました。麻生氏に辞任を迫る人々は、大局に照らして何が重要かの優先順位を、意図してか、意図せずでか、見ようとしていないのだと思います。安倍政権自体を潰したいならともかく（そう思う人に意見を変えさせることを、本書はもともと狙っていません）、そうでないなら、政権を支える大黒柱をここで抜くという決断があり得ないことは、容易にご理解いただけるでしょう。

「こんなに働く政権はなかった！」

総理官邸には、何十人という職員が働いています。衛士を務める人、来客に対応しもてなしを引き受ける人たち、総理秘書官室にも、今井政務秘書官の脇を固めるような、経験豊かな女性スタッフがいます。そして建物内外の警備につく、沈着冷静な警察官たち。

その人たちの誰か、とりわけ経験豊富な人に尋ねてみるといいのです。「こんなに働く政権を、かつて見たことがありましたか」と。

「見たことも、聞いたこともない」と、そう答えるのは間違いありません。

２０１２年の12月、政権に返り咲いた安倍総理は、翌年の仕事始め早々、秘書官たちに指示を一つ、明確に伝えました。それは、普段の月に4回ある、週末の過ごし方についてです。

1回は、必ず東日本大震災の被災地を訪れて、復興の様子を見る（これはその後ほぼ1年半、忠実に実施された）。

さらに1回は、それ以外の日本の各地を訪問し、地域経済の状況に接する。

もう1回、平日になかなか会えない人たちに、会う機会にする。

週末はあと1回、残るから、それを全部外遊に当てる、というものでした。

その昔、「海の男の艦隊勤務、月月火水木金金」という軽快な軍歌がありまして、以来、土曜も日曜もなく働き詰めに働くことを月月火水木金金と呼びました。この、古い言い方通り、安倍政権は発足早々、「土日返上宣言」をして出発したのです。

その結果、2018年6月13日現在、第二次政権発足以来訪問した国、地域は、76カ国・地域。複数回訪れた場合を含めた延べで言うと、144カ国・地域。その間政府専用機は、安倍総理を乗せて129万9193キロメートル飛んでいます。これは、地球と月を一度往復し、もう一度月に行って、今、地球帰還中、半分くらいまで来たという、すさまじい距離です。

このように週末を外国訪問に当てなくてはならない理由は、本書ではすでに別のところで述べましたが、もっぱら国会との兼ね合いです。野党は、日曜に帰ってきたばかりの総理をあえて月曜の国会に呼び出し、終日縛りつけるようなことをわざとやります。肉体的負担をかけて、健康を奪おうとしているのは明らかですが、総理は負けていられません。

しかし安倍総理とて、人の子。風邪をひくことなど珍しくないようですが、寝込むとか、倒れるということがない。よほどアドレナリンを出し続けているのでしょう。

ところでその安倍総理に負けないくらい働いているのが、菅官房長官です。菅氏にはどうも、「総理以上に働かなければ」と思っているフシすらある。

安倍総理に負けない菅官房長官の働きぶり

菅官房長官は、毎日決まって朝4時半には起床。6時にSPさんが来て、一緒に散歩し、7時からはだいたいいつも総理官邸裏のホテルで朝食をとりながら、誰かに会うというのが、菅官房長官の一日の始まり方です。起床してから6時までの間は、すべての新聞と、週刊、月刊の雑誌などくまなく点検します。

それをしなくてはならないのは、官房長官とは職制上、すべての行政機構を束ねる人、会社でいえばトップを支える最高執行責任者（COO）だというだけでなく、毎日二度、午前と午後に記者会見をし、質問に答えなくてはならないからです。

記者会見の頻度、実施する人の位の高さ、和英双方同時通訳と手話通訳の提供、それに会見場の収容人員の規模のどれをとっても、英国ダウニング街10番地の首相府、米国ホワイトハウスをはるかに凌駕《りょうが》します。世界標準からいえば、過剰サービスだといっておかしくないほどです。

ともあれ菅長官は、この仕事を連日続け、失言したり、ましてや舌禍事件を起こしていません。東京新聞の有名記者のように、長官を不機嫌にさせ、不用意な発言をするよう仕向けているとしか思えない質問を繰り出す人がしつこく食い下がろうとも、菅長官はあまり顔色を変えず、特別に不機嫌にもならずに、ごく淡々とやり過ごしている。真似《まね》のできることではありません。

一日が終わると、長官には夜の会合が二階建て、三階建てで入っていることが珍しくなく、朝4時台に起きるからといって、そう早く帰宅できるわけでもないようです。

この日課を毎日続けるとは強靱《きょうじん》な体力、気力を必要とするでしょうが、土日ともなると、菅長官もほとんどすべての週末を当てて、平日には聞けない突っ込んだ話を官僚たちにさせてみたり、利害が折り合わない役人を両方連れてきて、目の前で議論させ落としどころを探らせたりといったことで潰している、つまり休んでいないというのです。

朝から晩までの、この日程を、毎日変わらず続ける菅長官は、風邪をひいたり熱を出したりしないのかと事情を知る人に聞いたことがあります。「風邪もひくし、熱も出しているんです。でも、我慢して続けるんですね」とのこと。

5年以上続くと別段不思議とも思われないかもしれませんが、民主党（当時）政権から代わったばかりのころ、これは衝撃でした。なぜと言うに、それ以前の官邸の住人に、ここまで自分に厳しく、働き詰めに働く人などいなかったからです。

それに引き換え、安倍総理と菅官房長官が示したリーダーシップのスタイルとは率先垂範《すいはん》、まさに率先して、範を垂れること。各省の次官や局長たちの誰よりも、よく働くこと、休まないことでした。「ワーク・ライフ・バランス」を上手にとるよう国民に奨励しておきながら、総理も官房長官も、ほとんど滅私奉公の働きぶりなのです。

それは霞が関に文字通り衝撃を与え、それ以前の「官僚にバカにされる政治」は一新、「官僚が畏怖《いふ》する政治」に変わりました。社長と副社長が、ヒラ社員より懸命に働いて、土日も返上している、というのは、民間に似た例を探るなら、新興ベンチャー企業の働き方です。のんびりなど構えてはいられないと思う人の働きぶりでしょう。自民党総裁の座を狙い、ゆくゆくは総理になりたいと思う人は、これくらいの働き方を5年も6年も続けられるか、まずは自分の胸に手を当てて問うてみるべきです。

日本を変えた「静かなる革命」

いわゆる〝安倍一強支配〟、〝官邸支配〟を言う人に、各省局長級以上人事を内閣人事局で一元管理するようになったのを指して、強権的に過ぎるとする向きがあるようです。

それではかつての制度、「アンシャンレジーム（旧体制）」が良かったというのでしょうか。

役所の息がかかった会社（例えば旧専売公社系）や政府系金融機関、取引所や外郭団体に天下りした有力ＯＢが、いつしか「ドン（首領）」と称され、後進人事に多大の影響力を発揮したのが、例えば財務省（大蔵省）のかつての人事のあり方でした。

その背後には、同省銀行局が銀行の、証券局が証券会社の、箸の上げ下げまで、つまり業務範囲や出せる支店の数まで、いちいち規制下に置いていた体制がありました。

会計基準に介入し、保有金融資産が購入時の帳簿に記載した値段（簿価）より値下がりしているときは、損を表に出さずに済むよう簿価での計算を認め、値上がりしたら評価益をカウントできるよう時価での評価に切り替えさせるなど、会計の一貫性、透明性などを、融通無碍にしていたのも昔の大蔵省です。

銀行、証券という巨額のカネを動かし、またその業績の良し悪しが株式市場、マクロ経済に多大の影響を与えるような民間企業の業容、利益は、実のところ官僚たちの胸先三寸で大きく変わるという状態だったのです。今や思い出す人の少なくなった、これが日本の近過去の光景です。

民間企業はこのような状況に、極めて「合理的」に対応しました。すなわち官僚たちを、夜ごとの接待漬けにした。やがて官僚たちも、この状況に「合理的」に応じるようになる、例えば国会から質問が出てくるのを待つまで、一勝負行くか、と言って虎ノ門の雀荘などにしけこむときも、つけを民間の誰かに回すといった行動をとるに至りました。

このような土壌の上に、霞が関と大手町、永田町は、利害を相互に錯綜《さくそう》させた抜き差しならない関係を築き上げていったわけで、高級幹部人事はそれとの見合いにならざるを得ない。必然的に、いわゆる清濁併せ呑む世間の表裏を知り尽くした人、それでいて頭が切れ、ゴルフもやれば酒も飲むといったタイプが、出世の街道を上っていきました。

これが、いにしえの制度、アンシャンレジームです。官邸一強に不平を鳴らす人々も、よもや、こんな仕組みに戻るべきだとは思っていないはずです。では、どうすればいいと主張するのでしょうか。

バブル経済が崩壊し、長い不況にあえいだいわゆる失われた10年、20年の間、日本の制度は劇的に変わりました。一つの選挙区から自民党候補が複数当選できた中選挙区制下では、競い合う自民党議員の間に政策の差異があり得ない以上、モノを言うのはカネでした。そのため派閥は集金装置とならざるを得ず、カネの臭いがするところなら、外国向け援助資金であれ、郵貯のカネを原資にしていろいろな業界に回る財政投融資の資金であれ、近づいていったのです。またしても、そこにあったのは腐敗の温床でした。

ところが小選挙区制に変わり、自民党一党の複数立候補者擁立など不可能になるとともに政党交付金が重要な資金源となって使途の公開が厳重になると、政治はうんと透明になりました。そもそも、政治家の「身体検査」ができるようになったこと自体、かつてに比べ大きな変化です。カネの出入りをあとから調べられるようになったということは、物事がそれだけ透明になったというわけですから。

民間企業はというと、ニューヨークで株式を売りさばいて資金を得ようとするならば、米国流の会計基準を採用せざるを得なくなりました。いわゆるコンプライアンスがやかましく言われるようになり、法令遵守を目に見える形で続ける以外なくなります。会長、社長が公私混同を強く疑われるようなカネの使い方をすると、株主から訴えられるリスクも、現実のものとなった。

夜の接待が、霞が関に言語道断のスキャンダル（ノーパンシャブシャブ！）を頻発させたころが、今にして思うとちょうど転換点で、あのころを最後に、会計基準が変わり、銀行や証券会社に大蔵省が有していた規制権限はすっかり金融庁に召し上げられ、郵貯が民営化されるというように、日本の政治、経済には、広範囲の制度変化が起きました。

もはや、景気が多少戻っても、銀座の裏通りを黒塗り社用車が埋める景色は帰ってきません。それはこの20年の停滞下、日本人が急に品行方正になったからではありません。インセンティブのあり方が変わり、社費で飲食遊興をまかなうようなことができなくなっただけのこと。

かつてあった利害関係とそのうえの人脈相関図は、もはや復活しません。この間の日本には、「静かなる革命」が起きていたと見るべきだというのが、私の考えです。それなのに、霞が関高級幹部の人事だけ、昔のまま続けていけるはずはありません。「サイロ」とか、「ストーブパイプ（煙突）」とか、英語にも、縦割りセクショナリズムの弊害を言う言葉があるくらいです。国益を二の次にし、「省益」、果ては「局益」を優先する人事は、そういう場所では、もともと起きやすい。それをなるべく減らすにも、省庁を横断して、幹部人事のオープン化を図ろうとしたのが、制度設計の動機だったではありませんか。

このように考える私は、内閣人事局による各省高級幹部人事の一元化は、起きるべくして起きたもの、後戻りしないものだと考えています。

第一、以下の点を指摘する進歩派ジャーナリズムがないのを大いにいぶかるのですが、夜ごとの接待が仕事に組み込まれていたようなかつての体制で、女性が出世するということなど、まったく想定さえされていませんでした。男性客の歓心を買うのを事とする女性がいる酒の場に、女性がたとえ入っても、違和感を覚えるでしょう。意欲と能力のある女性にはどんどん伸びていってもらわなくてはならないこれからの世の中、夜の料亭で人事が決まるような時代に戻すことなど、まったくもって不可能です。

ただし、新しい制度を運用する政治指導者には、自らを厳しく律することが求められます。人事権とは、平時の組織が行使する最も強力な対人支配権です。もしその行使者が、他人には厳しいが自分に甘い人ばかりだったら。会議の最中、どこかのクラブのママから携帯に電話がかかってくるような人物だったら（民主党政権時代の有力政権幹部の実例）。官僚たちには、あの文科省前次官、前川某のように、面従腹背をもって座右の銘としたなど、しゃあしゃあと言って恥じない破廉恥漢がもっと生まれてしまうでしょう。

私は、だからこそ、総理と官房長官は、自分を徹底的に厳しく律して、どの省のどの次官たちよりも、よく働く姿勢を貫いているのだと思うのです。

ＴＰＰと「リトル・ジャパニスト」

内閣一元管理は、すでにかつてなら考えられなかった人事を可能にしています。良い例が、齋藤健という経済産業省出身で改革マインドの強い代議士が副大臣を経て大臣になった農林水産省です。この人の強い意向のもと、同省食料産業局（輸出促進、いわゆる「６次産業化」など担当）局長には、２０１６年以来、経済産業省出身者が就いています（その裏で、農水省から経産省への出向人事もあり）。

良い機会なので、この人事の背景にあった安倍政権における農政改革とＴＰＰ（環太平洋パートナーシップ協定）の関係について一言述べておきましょう。

郵 便 は が き

63円切手を
お貼り
ください

1010003

東京都千代田区一ツ橋2-4-3
光文恒産ビル2F

(株)飛鳥新社　出版部　読者カード係行

フリガナ	性別　男・女 年齢　　　歳
ご氏名	

フリガナ
ご住所〒 TEL　　　(　　　　)
お買い上げの書籍タイトル
ご職業　1.会社員　2.公務員　3.学生　4.自営業　5.教員　6.自由業 7.主婦　8.その他（　　　　　　　　　　　　）
お買い上げのショップ名　　　　　所在地

★ご記入いただいた個人情報は、弊社出版物の資料目的以外で使用することはありません。

このたびは飛鳥新社の本をご購入いただきありがとうございます。今後の出版物の参考にさせていただきますので、以下の質問にお答え下さい。ご協力よろしくお願いいたします。

■この本を最初に何でお知りになりましたか

1.新聞広告（　　　　　　新聞）

2.webサイトやSNSを見て（サイト名　　　　　　　　　　　　　　）

3.新聞・雑誌の紹介記事を読んで（紙・誌名　　　　　　　　　　　）

4.TV・ラジオで　5.書店で実物を見て　6.知人にすすめられて

7.その他（　　　　　　　　　　　　　　　　　　　　　　　　　　）

■この本をお買い求めになった動機は何ですか

1.テーマに興味があったので　2.タイトルに惹かれて

3.装丁・帯に惹かれて　4.著者に惹かれて

5.広告・書評に惹かれて　6.その他（　　　　　　　　　　　　　　）

■本書へのご意見・ご感想をお聞かせ下さい

■いまあなたが興味を持たれているテーマや人物をお教え下さい

※あなたのご意見・ご感想を新聞・雑誌広告や小社ホームページ上で

1.掲載してもよい　2.掲載しては困る　3.匿名ならよい

ホームページURL http://www.asukashinsha.co.jp

安倍総理の地元、長門市には、日本屈指の棚田（東後畑《ひがしうしろばた》）があります。日本海に向かって急角度で傾斜する棚田は、夕暮れには、たたえた水が入り日を受けて金色に染まり、夜には沖合の漁火《いさりび》を反射して輝きもする。これを安倍総理は「息を呑むほど美しい」とよく評しました。本当にそんなに美しいなら見てみたいものだと思い、私も妻と一緒に訪ねていって、文字通り「ブレステイキング（息を呑む）」に美しいことを知りました。

何世代にもわたって人々の続けた営々たる努力が、棚田の美をこしらえています。これを「美しい日本」ととらえ、ひたすら守ろうとする立場。それは安倍総理の中に、今も一筋の水脈として、涸《か》れずに流れていると思います。しかしそれだけでは、日本の農業はいずれ立ち枯れてしまうと強く自覚したのが、第二次政権になっての安倍総理でした。

英国には「小英国主義（リトル・イングランディズム）」という懐古趣味があります。うねうねと続く、ゆるやかな緑の丘と、草をはむ羊たち。小さな谷あいを、ゆるやかな曲線を描いて流れる小川と、川べりに咲く清楚《せいそ》な花々。イメージの中の理想郷を一種の原風景ととらえ、これを壊すような外国勢力の滲入《しんにゅう》に、本能的抵抗を示す立場。それがリトル・イングランディズムです。例の、欧州連合（EU）からの離脱を決めた「ブレクジット」に賛成票を投じた人たちの多くには、この懐古的英国像があって、変化を嫌う心情があっただろうと想像がつきます。

けれども思いますに、日本に視点を移したとして、われわれみなどこかで、「リトル・ジャパニスト」なのではないでしょうか。あの「ふるさと」の唱歌、「うさぎ追いしかの山、小鮒《こぶな》釣りしかの川」の歌が思い起こさせてくれるような風景を、できるものならどこかに残しておきたいという気持ちです。

「TPPの交渉に入る」と、安倍総理は第二次政権発足早々の訪米において明言し、米側を驚かせました。のみならず、農協関係者はじめ、国内でTPP加盟阻止を訴えていた人たちを、大いに驚かせました。

驚かせた理由は、農家を心配させるという意味で政治的に不得策となりかねない判断を、その年（2013年）夏予定されていた参議院議員選挙より前に打ち出すことなど、まずあるまいと多くの人が踏んでいた、という事情が一つ。

加えて、安倍総理を今言った意味で、「リトル・ジャパニスト」だと、懐古趣味にひたりたがる人物だとみなす短見が、内外にかなりあったことに由来したと思います。

事実はというと、農水省の統計によれば、2010年、農業全体の就業人口は260万人強、平均年齢は65・8歳でしたが、2017年には、181万人強、66・7歳になっています。安倍総理が随所で述べたように、農業生産人口の高齢化は甚だしく、とりわけ米作農家の場合それが深刻ですから、農政のギアを切り替えて、売れるものを外に売っていく、輸出志向に変化させでもしない限り、打開策はなかったわけです。

安倍総理は、ＴＰＰ交渉参加を言うとともに、農業を輸出産業にするためあの手、この手を打ち出し始めました。併せて農協の大改革（これを主導した一人が斎藤現農水相）に乗り出し、結局これは、農協から中央集権的な政治力を奪う形で決着し、農村票に依存した旧来の自民党政治を知る人には信じられないほどの結果を生むのですが、それについてここでは詳述しません。

それより安倍総理の「ＴＰＰ交渉参加表明」とともに、興味深い変化が起きました。

安倍政権発足前の２０１２年、一般的な書店（農業専門書の書店ではない）に行くと、「反ＴＰＰ」を標榜《ひょうぼう》する本また本で、一つの棚が埋まるほどでした。

今調べてみても、同年には、『ＴＰＰはアメリカの策略だ！』、『ＴＰＰ問題の新局面・とめなければならないこれだけの理由』、『サルでもわかるＴＰＰ・入るな危険！「強欲企業やりたい放題協定」』など、扇動的な題名の本がたくさん出ていたことがわかります。ところが安倍総理が交渉参加を明らかにすると、反対本が減り始め、２０１４年に入ると、書店に行ってもあまり目につかなくなりました。

同時並行で農協改革のテーマが安倍政権から出てきたため、そちらに関心がシフトした事情もあったことが窺《うかが》われます。

テーマを決め、次々提示していく力が政権にある限り、世論は受け身でこれに反応せざるを得ません。政権批判者たちは、振り回されるうちに反撃の力を分散させてしまい、効果的な対応ができなくなります。

あえて戦《いくさ》にたとえますと、戦いの場を次々設定できる者が勝ち、今日はこちら、明日はあちらと受け身で反応させられる側は、消耗して負けてしまいます。安倍政権と自民党は、ＴＰＰと農政改革で鉄則通り施策を打って、成功したといえます。「戦後初」の大改革でした。

以上に付け加えることが、一つ、二つ。

安倍総理が、米国議会での演説で、自分も若いころは血の気が多くて、農業自由化断固反対と暴れたもんだと告白し（本書68ページ）、考え方の変化というか、成熟があったことを打ち明けたことがあります。はしなくもこれは、「リトル・ジャパニスト」でなく、今や現実を直視する「リアリスト」になった、と自ら明らかにしたも同然でした。

もう一つ、「オーストラリアとＥＰＡやったんだもんね。オーストラリアっていったら、ケアンズ・グループのチャンピオンなんだしね。それとＥＰＡができるなんて、昔なら想像すらできなかったよね」（安倍総理の普段の口調を再現しようとすると、こんな感じの、東京育ちの人らしいものになります）と、総理が漏らしていたことも思い出します。

ＥＰＡというのは経済連携協定のこと。単にＦＴＡ（自由貿易協定）と呼ぶものに比べ、投資分野、知的財産権、競争政策や政府調達などを広範に扱うものをいいます。日豪経済連携協定（ＥＰＡ）を目指した交渉は、第一次の安倍政権が始めたものでした。第1回の交渉は、２００７年4月でした。そして交渉が大筋合意に達したのは、第二次安倍政権下、２０１４年の4月。協定に署名したのは同年の7月、安倍総理が豪州を訪問したときのことです（このとき豪州議会上下両院合同会議で英語のスピーチをしました）。

このように、日豪ＥＰＡは安倍総理の指導力のもと、実現するわけですが、総理が漏らした中にあった「ケアンズ・グループ」というのは、有力農業輸出国のグループで、これの扱いは、日本にとって長年の難題でした。農業とは、なにがなんでも保護するものだというのが、かつての日本の常識でした。農協の政治力と集票力は、自民党を長年支えたものでもあった。その構図に対し、強く異議申し立てをするのが豪州らケアンズ・グループだったのですから、その横綱格の豪州とＥＰＡを結ぶ日が来ようとは、安倍総理にしても隔世の感を抱いたのでしょう。

豪州とでさえ、そこまでできるようになった日本は、ＴＰＰにだって入っていけると、安倍総理はそう感じていたわけです。

アベノミクス5段階と3つの「C」

外交に関するスピーチを書く仕事は一種の季節労働で、重なるときにはたくさん重なり、体がいくつあっても足りないくらいになります。その日のため普段から体調を整えておけばいいようなものの、そううまくはいきません。

普段の日は何をしているかというと、もっぱら外国からのお客様や、霞が関のいろいろなところから訪ねてくる人の応対です。

外国からの客人は大別すると2種類で、メディア、研究者、シンクタンク関係者といった、いずれにせよモノを書いて発表する仕事の人たちが一つ。もう一つ、コンスタントに絶えないのが、投資家たちです。それも「グローバルマクロ」といわれる巨視的な観点から対日投資の比重をいつも考えている人たちから、一度カネを入れるとじっくり構える年金基金のように、足の長い資金の運用者まで。場所も、ニューヨーク、ロンドン、シンガポール、トロントと、いろいろなところから訪ねてきます。

私は彼らに、安倍総理が今何を考えているかを説明することを通じて、アベノミクスの現状をわかってもらおうと努めます。

経済だけの話、金融政策だけの話なら、ほかにいくらでも話せる人はあるでしょう。私が話すのは、あくまで「官邸4階から見えた」アベノミクスの現状です。いくぶんなりとも希少価値があると見え、ちょくちょく投資家が話を聞きに現れます。これからの説明は、そんなとき何を話すかを紹介するものです。

安倍政権発足以前、日本産業界が悲鳴を上げていたのは、いわゆる「六重苦」の制約要因でした。①「超」のつく円高、②重い法人税・社会保険料負担、③経済連携協定（自由貿易協定）の遅れ、④柔軟性に欠ける労働市場、⑤不合理な環境規制、そして⑥電力の供給不足とコスト高の6つです。

①のドル円相場は、年平均レートで見て2010年、11年、12年がそれぞれ1ドルに対し87・8円、79・8円、79・8円でした。懲罰的《ちょうばつてき》といっていい超円高で、もしあと1年あんな状態が続いていたら、国内の製造業基盤は後戻りの利かない打撃を被っていたかもしれません。

六重苦とは、よくも言ったり。これだけ手足を縛られていたのでは、企業活動が活発にならなかったことには無理からぬところがありました。いわばマイナスの負荷いっぱいの状態を出発点として始まった安倍政権の経済政策（「アベノミクス」と命名したのは市場関係者で、安倍総理にはしばらく、自分の名前をいつもつけて呼ぶことに抵抗感がありました）は、その後5年半、ざっくり次のような変化をたどってきたといえます。

• 第一段階　金融財政政策の劇的変化で「ショック・アンド・オー（衝撃と畏怖《いふ》）」をもたらし、為替や株価を大きく変えた。

・第二段階　できるはずがないと思われていた3つのことに取り組み、構造改革の本気度を示した。それは、TPPという巨大EPAへの交渉参加を明らかにしたこと、電力流通市場の寡占状態を変えたこと、そして農協の政治力を大きく削いだことの3つです。とくにTPP、電力市場改革は、産業界を苦しめた六重苦の2つを大きく改善することを意味しました。

・第三段階　以上の施策で、経済の景色は相当変わりました。重苦しい閉塞感は確実に消え、ぱっと明るくなったような。しかし同時にこのころ、外国投資家たちから聞こえてきた声があります。「短期的にアベノミクスは確かに効果が上がったが、5年先、10年先を見通すと、誰も日本にカネを入れようとは思わない。人口が小さくなり続ける国に、投資はしづらい」という声でした。

菅官房長官などは、じかに訪ねて来る市場関係者と会いながら、当時は来る人、来る人、同じ指摘をするのを聞いて、深刻に受け止めたと思います。

ここに至ってアベノミクスは、短期的景気刺激策であることを超え、日本経済の抱える本質的問題に、真正面から向き合うことを余儀なくされます。

そこで、安倍総理が自民党総裁再選とともに2015年9月、第二次政権発足後3年を経たところで打ち出したいわゆる「新三本の矢」、アベノミクス第二弾は、中長期的な人口動態に働きかけるものとなりました。期待出生率の押し上げ、「生涯現役社会」づくりといったテーマで、これはじきに、「一億総活躍社会」をつくるという提案としてより具体化されます。

女性へ労働参加を促し、子育て支援をますます強く打ち出すようになりました。女性に家庭から外へ出るよう促すことは、一見出生率を上げる目的に反するみたいに見えますが、海軍潜水艦の艦長まで女性が就いているスウェーデンのような北欧諸国では、女性の社会的地位上昇に伴って、出生率は上がったことが経験的に証拠づけられています。

そういう事実を、安倍総理はゴールドマン・サックス社の有名日本株ストラテジスト、キャシー・松井さんから学び、彼女の言葉「ウィメノミクス」を借りたうえ、これをたびたび強調することとなりました。

• 第四段階　ここまで来て、アベノミクスはバズーカ砲とかマシンガンとか、目の前の的を狙うものではなくなっていました。山口出身の、ということは毛利家の故事に親しみのある安倍総理は、それでも新「三本の矢」なのだと言いたがりましたが、出生率、人口を目がけた政策となると、もはや超長距離砲です。

効果はすぐには見届けられない。しかし、重要なのは続けること、「継続」になりました。

• 第五段階　となると、もう一つ、経済を根本的に良くする王道に手をつけざるを得ません。それが、「生産性の向上」です。今おおまかに言って、私たちがいるのはこの段階、つまり生産性が上がるように、あれこれ試みようとしている段階です。

とそんな段階的進化をたどったアベノミクスについて、これから以上の点についての説明を補っていきますが、急いで付け加えておくべきことが2つあります。

一つめは、超長距離砲を撃つ以上、「決意がぶれない」、「向きが一貫していてフラフラしない」、「着実に、続ける」ことが、何よりも肝心だということです。

それを私は外国からの客人たちに、「3つのCが大切なんだ、その3つのCを提供できるのは、今の日本で安倍総理と安倍政権だけなんだ」と言ってきました。

「決意」の、「コミットメント」。

「一貫している」、つまり「コンシステンシー」。

「続ける」こと、イコール「コンティニュイティー」。

いずれもCで始まるこの3つを提供できるのは、安倍総理以外にいません。

もう一つは、これらすべての過程を通じ、最も重要な要素は「期待（希望）」だということなのですが、それはまた後ほど述べます。

「働き方改革」は人口政策

ところで日本の経済が伸びる（成長する）には、次の3つが伸びないといけません。

別段日本に限らず、どこの国の経済でも同じことです。

成長に必要な３つとは、生産設備などへの投資が伸びる（資本ストックが増加する）か、働く人の数、働く時間が増える（労働投入が増える）か、さもなければ仕事の能率が上がり、人の数や労働時間が同じでも、たくさんアウトプットが出せるようになるか（生産性の伸び）です。

これを踏まえてアベノミクスの進化を見直してみると、３つの要素それぞれに、働きかけようと試みてきたことがわかります。

懲罰的な超円高が続いていたり、法人税が高いままだったり、電力供給が不安なうえに、電力価格も高過ぎるという状態だと、企業は工場や設備にカネを使いません。成長を促す要素の「資本投入」が伸びなくなります。

それが今や、為替は落ち着き、法人税は、いろいろな合わせ技を使える企業の場合はわずか20パーセントと、米国と比べたとしても遜色ない水準となりました。電力市場改革で、電力価格には下押し圧力がかかった状態ですから、資本投入を妨げていた要因の多くは、アベノミクスのもと、排除されました。

労働投入を増やそうとするのが、女性への励ましです。さらには、お年を召した方への、もう一度働いてみませんかという呼びかけです。

これは劇的に効果を上げています。女性の労働参加率は、25歳以上すべての世代で、もはや米国の数字より上回っています。米国人たちが、これを言うと、耳を疑うという表情をつくりますが、事実です。また、全体として人口減少が続いているというのに、アベノミクスが始まって5年、新たに職を得て働き始めた人は、251万人も増えました。

外国人を限定的にですが受け入れていく向きに、安倍政権は舵《かじ》を切りました。一定のポイントをもつ（例えば博士号をもっている）外国人には、滞在1年で永住ビザ（日本版グリーンカード）が取れるようになっています。世界最速です。

当てはまるのはおそらく年収のとても高い外国人で、彼らは自身、購買力の高い人たちですが、そこにインドネシアやフィリピンから、お手伝いさんがやってきます。これなどちょうど、ピラミッドの頂上を開放すると、基盤部分でも外国人が入ってくることを狙ったもの。すなわち労働力の輸入であり、購買意欲旺盛《おうせい》な消費者の輸入でもあります（外国人を受け入れていって、どんな国柄にすべきかは、今後大いに必要な議論ですが）。

「働き方改革」は、それではどう説明がつくのか。

安倍総理に限らず、政権が経済政策を打つ場合、不幸にも過労死で亡くなった誰彼、という個別具体的なケースをきっかけとしながらも、そこから視線をうんと、列島全体を俯瞰《ふかん》できる高みまで上げます。個々の労働者のため、というより、日本のマクロ経済運営にとって必要な施策が、そこから出てくる。本書で何度か使った「統治者の目」です。

そのような視線から見える「働き方改革」とは、目的は2つ。

一つは、無駄な残業をやめ、あるいは自宅からでも働けるように改めていくことで、今までと違った仕事の仕方を採用し、それが労働生産性の向上に繋がるよう仕向けていくことです。

2時間、会議にかけていたものを、自宅からの参加で30分で済ますようにできるなら、会議時間の削減分で1時間半、仮にドア・ツー・ドアの通勤に片道1時間かかるのなら、往復2時間の、合計3時間半が、それで浮きます。これを何か別の仕事に振り向ければ、一人の人の生み出すアウトプットが、その分、増える。例えばそんなことです。

もう一つ、若い男女に、結婚するのでも、同棲するのでもいいから、一緒になって家族をつくろうと思ってもらうには、男も女も仕事でくたくた、私生活の充実などできないという状態では困ります。「ワーク・ライフ・バランス」の改善は、マクロ経済を俯瞰する立場から見る限り、超長期的な人口政策なのです。

働く人全体の所得は24兆円も増加！

上野公園周辺で、ホームレスの人を見かけなくなりました。不忍池《しのばずのいけ》あたり、一時期は臭気がきつくてあまり長くはいたくないところになっていた。今は随分改善しています。

全国調査でも裏打ちされています。2017年5月厚生労働省が発表した調査（「ホームレスの実態に関する全国調査」）によると、同年1月時点で、国全体で確認されたホームレスの人口は5534人。前年比では11・2パーセントの減少でした。アベノミクス始動時点、2013年1月の数字は8265人でした。東日本大震災復興需要の盛り上がりなどのためか、それ以前からホームレスは減り続けていたものの、今やアベノミクスは、ホームレスを着実に納税者に変えつつあると言ってもいいでしょう。

先ほどこの5年、就業者数が251万人増えたと言いましたが、同じ期間、生産年齢人口自体は451万人減る中での達成です。うち女性の就業者は201万人増えています。若者（15〜24歳）の失業率は、4・6パーセント（2017年）。これは1992年以来の低水準です。大卒の就職率97・6パーセント（同年）は、過去最高。高卒の就職率98・0パーセント（同年）は、26年ぶりの高水準でした。

2パーセント程度の高い賃上げが、企業業績の好調に加え、安倍総理自ら財界に強く働きかけたこととあいまって4年連続で実現しました。最低賃金も、5年連続大幅引き上げで、これらの結果、働く人全体の所得は、アベノミクス始動以来、24兆円増加しています。増えた金額だけで、24兆円。これはドルに直すと2175億ドルくらいになりますが、この増加分だけで、世界ＧＤＰランキング45位のベトナムを上回ります（２０１６年）。

今や、全国すべての都道府県で、求職者より、求人の数が上回り、有効求人倍率が1を超えています。もっと良いニュースは、正社員の有効求人倍率も２０１７年に1・０7となり、統計開始（２００4年）以来初めて1を上回りました。現在の生活に満足だと答える人の割合は上昇し、相対的貧困率も、子どもの貧困率も、改善中。とくに子どもの貧困率は、２０１２年に16・3パーセントだったものが、２０１５年（アベノミクス始動3年）には13・9パーセントまで下がりました。ほぼ、ＯＥＣＤ平均（13・6パーセント）並みです。

ざっと挙げただけで、これだけの成果を数え上げることができます。それでもアベノミクスに効果がないと言いたがるのは、確信犯的なひねくれ者と、断定していいのじゃないでしょうか。

アベノミクスはこうして生まれた

以上、アベノミクスは短期的景気浮揚策であることをとうにやめ、人口、生産性といった中長期の根本問題に、極めてラジカルに取り組み始めたことを指摘しました。経済の成長には、資本ストック、労働投入、労働生産性を上げる道があります。そして、道はこの3つしかないわけですが、アベノミクスは、この一つひとつに、きちんと影響を及ぼす政策を打っていることを、お話ししました。

最後に目先の景気を眺めても、失業者は減る、雇用所得は上がる、格差も減るというように、何十年かに一度と言っていい効果が上がっていることを、具体的な数字で示しました。

これらは長期政権だからこそ、できることなのだと思います。3つのC、つまり決意と一貫性と継続性をもってかからない限り、経済に巣くった病気の治癒はできなかった。今や、快癒したとは言わないまでも、症状が軽減し、なおかつ快方に向かっているのは、じっくり腰を据えてかかることができたからでしょう。

1年や2年で代わってしまう政権は、自分で打ち出した経済政策の効果を、例えば雇用が増えたか、税収が増えたかを確かめることができません。安倍総理の場合は、先に見たように、アベノミクスを進化させ、体の治療にたとえるなら疾患の根本原因に届く治療を実施できるまでになりました。内外多端、経済の病は膏肓《こうこう》と言うとき、安倍晋三という人物を選んで長期政権に就かせたことを、私は天の配剤だとすら思います。

ここで当然にも疑問が湧《わ》くでしょう。

安倍さんは、経済に関する見方をどこでどう養ったのか。また、経済が大切だと二言目には口にするけれど、どこまで本気なのか。本当は、憲法改正だとか、靖國参拝だとか、「硬派」な課題を追求していたい人なんじゃないか。そういう疑問です。外国から来る客人たちが、皆知りたがっている事柄でもあることだし、この際まとめて考えておきましょう。

はじめに安倍総理が経済に関する見方をどう培ったかについては、ご本人の極めて率直な証言があります。

２０１２年11月29日付の記事ですから、自民党総裁として返り咲いてはいたけれど、総理になって「アベノミクス」を始めるのはまだ少し先という時期に、ウェブ版『現代ビジネス』に、のちに内閣官房参与として総理になにかと助言することになる浜田宏一氏と、安倍さんが話した対談が載っています。

日本人としては極めて珍しいこととして、米国トップ大学の一つイェール大学で終身教授（テニュア）の地位を得た大家が浜田氏です。その経済学の大家を相手に、このときの安倍さんは、政権に就く前、自民党総裁ではあるけれど身分はまだ一議員という気楽さが手伝ったのか、いろいろ言っています。

「もともとは社会保障を専門にしており、正直申し上げて金融については特別詳しくはなかった」と、安倍さんは話を切り出しています。

今となっては思い出す人が多くありませんが、衆議院厚生委員会、総理府（当時）社会保障制度審議会でキャリアを積んだ安倍晋三代議士は、社会保障や年金制度については立て板に水、制度の詳細や、進化の経緯、現状の問題点を苦もなく語れる人です。

「もともと社会保障が『専門』だった」という口ぶりに、強い自負を感じ取るべきで、安倍晋三という政治家は、憲法や安保と同等、いやそれ以上に、社会保障について勉強することで独自の看板を張ろうとしていた人物でした。このころまだそういう自己認識を強くもっていたことが、はしなくもここによく出ています。

「しかし」と言って安倍氏は、それ以前から、日銀が金融について厳しめに動くと必ず景気が冷え込むのを見て、違和感を育てていたことを明かします。ここはおそらく安倍流記憶力。「そういえばあのときも」と、かつて見て記憶の小箱にしまっていた出来事がスルスル出てきたのでしょうが、森喜朗総理、宮澤喜一財務相時代に、速水優《まさる》日銀総裁が政府の意向を無視し、ゼロ金利をやめてしまったのを思い出した、と続けます（肩書はすべて当時）。

小泉政権で官房長官になってからの話が、ちょっとしたスクープです（いまだに）。

この対談で安倍さんが明かしたところによると、日銀の福井俊彦総裁、武藤敏郎副総裁を官邸に呼び、それに官房長官だった安倍氏と小泉純一郎総理の４人（に加え、当時財務省から来た総理秘書官だった丹呉泰健《たんごやすたけ》氏）で昼食の機会をもったときのこと、「もうしばらく量的緩和を続けてもらえないだろうか」という「お願い」を、「総理から直接」すると拒絶された場合のしめしがつかなくなるからだったでしょう、「私（安倍晋三氏）がした」そうなのです。

するとわかったことというのが、福井日銀総裁は「今のデフレ状況はある程度やむを得ないという考え方」で、「いいデフレ」と「悪いデフレ」がある中では、「今はいいデフレに近い」という話。安倍氏はこれを聞き、「ではそれ（良いにつけ悪いにつけ、デフレ）をコントロールできないというのなら、日銀の存在とは何なんだ」と、素人ながらに思ったと言っています。

とかくするうち、東日本大震災が起き、復興予算の手当が問題になったとき、安倍氏の前に自民党の山本幸三議員が現れます。「震災復興に対する予算を増税で賄うのは間違いではないか、と私のところに（山本代議士が）説明に来ました。現下の最大の問題はデフレであり、このデフレから脱却するべきだという。私は……この問題をずっと専門家としてやってきたわけではないので、会長をやるというつもりはなかったんです。しかし、民主党政権はデフレ容認、金融政策軽視の傾向が強いので、それだったら私もいっちょうやってやろうかということになった」のだと明かすその決断とは、山本幸三氏を幹事長とし、超党派議員連盟として発足した「増税によらない復興財源を求める会」の会長職を、自身が務める決断のことです。

今に残る同会提言（2011年6月16日発出）は、アベノミクス第一の矢、「大胆な金融政策」を、そっくり先取りしたものだったと見ることができるものです。

このあたり、金融政策についての問題意識や疑問を安倍さんがどう深めたのか、包み隠さず本人が話している。

財務省へのスタンスも、すでに明快です。面白いのは、財務省が政治家に対してもっている独特の道徳的優位性（のように思えるもの）と、それがもつ効き目を指摘していることです。ご本人の言葉を引用すると、

「財務省の財政規律に重点を置き過ぎたあの姿勢も、やはりちょっと違っているのではないかと気がついたのです。彼らの姿勢というのは、政治家に対し、もっと責任感を持てというか、そういう気持ちに訴えるところがあるんですよ。使命感を呼び起こす的なところがある。その使命感が正しいかどうかはまた別ですが（笑）。それで、やはり財政規律はちゃんとやらなければいけないということに傾いていきました。

世の中には、政治家は選挙が怖いからバラマキに陥りがちで、財政の引き締めなどできないというイメージがあります。それに対し、『自分は違う』ことを証明したいという気持ちが政治家には生まれてくる。その気持ちと相まって、専門家集団を集めて

いる財務省の裏付けがあることが、政治家を後押しするのです。

しかし旧大蔵省、財務省というと専門家集団で政策にくわしいという固定観念があるんですが、事実をずっと見てくると、むしろ肝心なところで政策を誤っているんではないかという疑念が芽生えてきます。

安倍政権のとき、平成19年の予算編成では54兆円くらい税収があったんです。これは成長の成果です。もしあの段階でデフレから脱却していれば、これは一気にプライマリーバランスの黒字が出るまで行ったのではないかと思うわけです」

このようにご本人の言葉を追っていくと、アベノミクスの特徴が見えてきます。

それは、難解な経済書を読んでつくられたものではなく、経済学者と専門的な討論を重ねてできたものでもない。いや、活字の虫といっていい人ですから本を読み、また専門家と話もしたでしょうが、なによりも、安倍晋三という一政治家が、自ら局に当たったときの実体験や失敗の経験から得た疑問を育てつつ、ああだろうか、こうだろうかと、実地の知識に即した問いを自ら問い、答えするうち、到着した考え方なのだ、という点が一つ。

その際、もっともらしくてみんなが信じている考え方を、疑ってかかったのだと思います。「通説」を高唱していた権威は、金融政策では日銀、財政政策では財務省でした。

この二大権威の意見が、もしかするとおかしいのではないかと安倍さんが思ったきっかけは、ご本人が言っているように、日銀生え抜き、プリンス中のプリンスと目され総裁に上り詰めた、外身も中身もいかにも紳士的風采の福井総裁が、デフレの現状に危機感をもっていないように見える、それはおかしいじゃないか、という問いでした。

また、アタマの良さを周囲にオーラのごとく誇示しているかに見える財務省も、経済というナマモノ、生き物の扱いとなると意外に下手で、ともかく財政再建一点張りの、狭量な教義に固執しているんではないか、と、そんな疑問だったのだろうと想像できます。

してみると、アベノミクスの生まれ出ずるプロセスとは、徹頭徹尾政治家としての安倍さんらしいものだったと言えそうです。判断の尺度は、「人」に関する見極めにあったわけです。権威と称する「人」の話に耳を傾けながら、信用していいのかを相手の人格まで評価に組み込みつつ、判断していった。その中で、日銀、財務省の二大権威が言うことを、そのまま鵜呑《うの》みにしてはいけないという強い認識を育てていったのでしょう。

日銀が当時主張していたという「良いデフレ」論は、金融政策だけで経済立て直しはできないという正論とあいまって、安倍総理が鋭く見抜いたように、なにもしないことを正当化する言い訳になっていました。そこに決定的に欠けていたものは、経済再建に向けた責任ある統治意思です。日銀は、どこかであなた任せだったわけです。

一方財務省は、シングル・イシュー・アクティビスト。つまり歳入歳出のバランスという一つの争点（シングル・イシュー）にとことん固執し行動を訴えかける存在（アクティビスト）です。安倍さんは、そこには帳尻合わせの潔癖論はあっても、経済を動学としてとらえ生き物を育てるように大きくしていく意思がないと喝破したのだと思います。

不在だったのは、金融と財政というマクロ経済運営の両輪の上に立つ、強い政治の意思でした。最終責任を自分がとる、と決意しこの両輪をあくまでぐいぐいと動かしていこうとする統治者の意思だったのです。

まだ「アベノミクス」の名前すらないうちから、為替や株の市場が敏感に反応し、眉の根一つ動かさないうちに円安、株高に基調が変わったのは、市場参加者たちが、今言った意味での明確な政治の意思が現れることを、どれだけ待望していたかの証拠だったと、私は思うのです。

走り続ける人にだけ見える景色

安倍総理における「経済への開眼」は、いつ、どういう形で起きたのかについて、総理自身の発言を材料に、想像してみました。

それでも、安倍さんが本当にやりたいのは憲法改正や安全保障のいろいろな問題だろう、ともするとそちらにばかり目が向いて、経済がおろそかになるのじゃないかと、内外の投資家などに、しばしば尋ねられます。

どうしてこんなふうに、「経済の小部屋」、「憲法の小部屋」、「安全保障の小部屋」と、安倍さんという一人の人間のアタマが細分（コンパートメンタライズ）されていて、安倍さんはつい、2番目と3番目の部屋に入り浸りたがる人なんだ、というようなイメージをするのでしょう。

「それがわからない」、と、私が言いましたところ、安倍総理自身、「そうなんだよね。どうしてなんだろう」との反応です。自身、不可解に思っていたのだと知りました。

この間の安倍総理は、2018年の通常国会で遂に成就した「働き方改革」を含め、数十年ぶりとか、戦後初めてといった大きな改革に取り組んでは、なんとかかんとか、実現してきました。

例えば原発再稼働。総理官邸前交差点で、最もよく聞く抗議のテーマは、「原発再稼働反対」でした。今も、変わっていません。しかしベース電源としての原子力発電を必要とみなす安倍総理は、安全性について慎重なうえにも慎重な検討をしたうえ、良いとなったら、躊躇《ちゅうちょ》なく再稼働を進めさせています。

また例えば特定秘密保護法（「特定秘密の保護に関する法律」）。こんなひどい名前を思いついた責任者には深く反省してほしいものですが、この法律の本来の意味は、「特定公務員機密漏洩《ろうえい》防止法」なのです。該当する公務員は、特定職務に就く特定数の者のみ。その人たちに、機密を漏らさせないよう、刑事罰を組み込んだ縛りをかけたのが、あの法律だったのに、当時は「米軍機（オスプレイなど）の写真を撮ったらアウト」など、尾ひれのついた話がまかり通りました。

そのせいで余計な紛糾を極めた同法立法過程の混乱を、安倍総理はやはり押し切って成就にこぎ着けたのですが、もしあれがなかったらと考えるとゾっとします。北朝鮮の核・ミサイル情報など、米国、米軍からリアルタイムでもらわなくてはならないとき、果たしてできたかどうか。安倍政権以前は、各国の諜報《ちようほう》・情報当局が、日本に何か教えてやりたいと思っても、いったい誰に話をすればいいのかわからない状態だったのです。

それから平和安全法制です。「トゥーランドット」の大音量と葉巻のうちに過ごした夜、一夜限り、そんな時を安倍総理は過ごし、最後は見事に法制化にこぎ着けました。

1年目はいざ知らず、2年、3年と政権にあって、猛反対、大反対を押し切ってでも、重量級の政策を実施に移していくにつれ、見えてくる図があると思います。

なんであれ、苦しい中、立法化をし、新たな政策を打ち、というように続けてきて、一つ、また一つと成就し歩みを続けるうち、行く手、遠い先のほうに、すべては収れんし、いくつもの光の束が、一つにまとまるような景色と言ったらいいでしょうか。

クルマを運転して、長いトンネルに入ります。自分のヘッドライトは、真っ直《ます》ぐ前を照射している。左右の路面と側面、天井のライトは、一つの光の筋になり、やはり前方一点に向かって収束するかに見えます。すべての光の束が、やがて結ばれる場所。それがトンネルの出口です。私は、安倍総理のアタマには、こんな景色が見えているのだと。一言で言えばそれは、「あれも、これも、それからあれも」、みんな日本を強くするため必要だと思って邁進《まいしん》する人に、見える絵です。将来世代に、頼もしい国と経済を残すため、走り続けているときの景色なのだ、と、そう思うのです。

これは、安倍晋三という政治家に「しか」、見えない景色だとは思いません。でも、長いトンネルに入ったことのない人には決して見えない景色ですし、途中で止まっても見えなくなるものです。出口に向かってひたすら走る人にのみ、見えてくるパースペクティブ（視野、遠近透視図）であることは間違いないでしょう。

ほとんど禁止的に難しいと言っていい日本国憲法の改正を、成就したとします。そうなったあかつき、安倍総理がどんなにか、心の底から喜びを覚えるか、想像にあまりありますが、憲法改正が成し遂げられたとしても、国の運勢が衰える一方なのだとすると、いったいなんのための憲法改正だったかと、心悩ませなくてはならなくなります。

強い経済がない限り、税収は増えません。税収が増えないと、自衛官、警官、消防士、それから教師の給料が増えません。もちろん、自衛隊の正面装備など充実できない。

ですから、一に経済、二に経済、三、四がなくて、五に経済だとばかり、安倍総理が経済のことを重視するのは、「あらゆることを試みて、日本を強くし、若い世代に引き継ぎたい」と言っていることと、ほぼ同義なのです。防衛力を強くすべきだし、科学技術にカネを使うべきで、教育の予算も拡充すべきです。あれも、これも、やらなくてはならないけれど、すべては経済あっての話。

いったい何を、本当にしたいのかと安倍総理に聞けば、10年先、20年先、いやもっとずっと長く、日本が頑健な、強い国でいられるよう、今のうちにできることをしたいと答えるはずです。

そう答えるとき、憲法だけ、防衛力だけ、考えているはずはありません。全部、繋がっている。その土台が、経済力なわけです。

社会保障を「全世代型」にする意味

経済についてお話しししているこの章の最後は、福祉支出がもつ重みのすさまじさと、だからこそ、若い世代に夢と、希望をもってもらわなくてはならないことに触れようと思います。そもそも希望のないところ、成長はありません。先に、成長の三要素として、生産設備などの資本ストック、労働投入、それから生産性が上がること、この三つしかないことを申しましたが、このどれを増やすにも、未来を前向きにとらえる人間が必要です。成長をもたらす究極の動力、それは「希望」なのです。

ところで次の数字を説明すると、米国や英国からの来訪者は、たいがいびっくりしたという顔をします。先にも一度触れたところですが、ここではもう少し詳しく述べます。

まずは福祉支出について。

「社会保障給付費」というとらえ方があります。

年金、医療、そして介護・福祉。つまり全年齢層にまたがって、社会保障のおカネが、給付としてどれだけ出たかその合計を見た数字です。

財源は、全体の6割弱が、保険料で、ここは受益者負担（被保険者負担と事業主負担）になっていますが、残りは、一部、資金を運用して得た利回り分があるとはいえ、ほとんど公費。つまり国か、地方の、税金か、国債でまかなっています。

さて今この実額を見ると（2017年度）、年金が56・7兆円、医療が38・9兆円、そして介護・福祉が24・8兆円、総合計の「社会保障給付費」は120・4兆円です。

これは、２０１５年１月１日のレートを適用してドル換算すると、１兆67億６０００万ドルでした。

一方、同じ年、２０１５年の、各国軍事予算を見てみます（ストックホルム国際平和研究所調べ）。米国が突出していて、６０６２億ドル。２位中国が２２５７億ドル、３位ロシア、７０３億ドル、４位サウジアラビア、６１４億ドル、５位はフランスで、５５７億ドル。この五大軍事支出大国の各国予算を全部足し合わせると、１兆１９３億ドルです。

どうぞ比べてご覧になってみてください。日本が社会保障のため出しているおカネの総額は、世界五大軍事大国の軍事予算の総合計に、ほとんど匹敵しているのです。

忘れてならないことは、軍事予算がそうであるように、社会保障給付も、二次、三次の需要をつくり出し、膨大な雇用を生んでいるのですから、人間の腹に入ってただ消えたり、空気の中に雲散したりしているわけではありません。けれども考えれば考えるほど、その規模の大きさに、打ちのめされそうになる数字であることに変わりはありません。

しかもその原資のうち公費負担分は、１９９０年に25パーセントだったものが、２０１５年には37パーセント。今後社会保障給付が人口の高齢化につれ増えれば増えるほど、税金がその分、たくさん投入されていくことは、今から明らかなのです。

こんな数字を知らなくても、お年を召した方が増え、そのため社会全体で負うコストが着実に増加していくことくらい、みな知っています。2025年になると、いわゆる団塊の世代（1945〜49年に生まれた人たち）が全員75歳を超え、医療費自己負担率が多くの場合1割でいい後期高齢者になって、社会のコストは跳ね上がります。

それが、若い世代にとって、未来を悲観したくなる大きな理由です。多少景気が良くなっても、今の若者は、ぜいたくをしたがりません。他人様《ひとさま》のことはいざ知らず、自分の身の回りにいる若い人たちを思い出しても、東京など大都市にいる限り、無理をしてクルマをもとうなどという気持ちが、彼ら彼女らには、もともとないようです。

さればとて、お年を召した方に約束してきた給付を、減らすことができるのか。

民主主義の国には、実際上、不可能です。大きな約束の書き換えを、民主的手続きで実施することは、事が重大であればあるほど難しい。民主主義のはらんだ矛盾でしょう。

そこで安倍総理は、2017年秋の解散・総選挙で、社会契約の書き換えでこそないけれど、ほとんどそれに近いテーマを訴えました。事の重大性にかんがみて、あの選挙には、大いなる「大義」があったのです。

それは、お年を召した方々への給付を減らしはしないものの、今後の新しい施策は、新しい財源を求めて、極力未来のため、新しい世代のために使っていくのだという決意の表明でした。社会保障を「全世代型」にする、そのための財源は、2019年10月に税率を上げる予定の消費税に求めるという公約を掲げ、安倍総理は衆院選を戦い、そして再び、国民の支持を得たのです。

同選挙では、教育に関わるコストを下げるなど、子育てに伴う経済負担を減らすことで、若い人たちに家庭をもつことを考えやすくし、家庭をもったら、子どもをつくることを考えやすくするよう仕向けていく施策が掲げられました。経済を伸ばそうとして労働投入を増やしたければ、こういう長期の構えしかありません（国民の祝日を廃止するといったラジカルな手はあるが、それにも立法が必要で事実上不可能）。

かといって、こうした施策に反応し、若者たちが家庭をもったり、子どもをもつことを積極的に考えるようになるかどうかは、彼らが未来をどれだけ明るく、それも、持続的な形で明るく、期待をもって見られるかどうかで決まります。

昭恵夫人がインドで語った「三丁目の夕日」

忘れもしません、御代が変わって平成になった最初の年、1989年の暮れ12月29日は、東京証券取引所大納会でした。ここで、日経平均株価の終値は、3万8915円87銭のピークをつけたのです。

年が明けたら4万円台入りだとはやす見方が多かったのに、そこからストン、ストン、株価は落ちて、2月26日には大幅の下げになりました。「平成の2・26事件」などと言われたものです。

2018年、すでにそれから28年が経ちます。けれども株価はまだ2万2000円前後です。1990年の春、新卒で会社に入った人たちは、50歳を超え幹部の年齢になっているはずですが、今の日本がどんなところか、それでおわかりでしょう。

企業社会であれ、官界であれ、幹部以下すべての世代が、株価の上昇を知りません。経済の成長を、長らく実感したことがない。それが日本という国の偽らざる姿なのです。

彼らの知っていたのは、少子高齢化の確実な進行でした。結果として彼らが抱いた未来予想図は、薄暗いものです。未来の二文字は、この世代にとって、明るさと同義ではありません。むしろ不安を示唆する言葉なのです。

私たちはまるまるひと世代分、悲観主義者をこしらえてしまいました。こんなことは、近代日本の歴史を通じて初めてです。先の大戦ですら、先行きを本当に絶望する人の増えた期間など、もっとはるかに短いものだったのですから。

安倍総理の政策は、この点を痛恨事と見るところに、すべて発しています。若い人たちに、未来を明るく見てもらえるようにする政策だったら、どんなことでもやってみたい。いつしか安倍総理の役回りとは、日本全体の「チア・リーダー」に等しいものとなりました。すぐあとに述べますオリンピックを取りに行った外交などは、少しでも未来を明るいものにしたいという安倍総理の、意欲の表れだったと言えると思います。

私には、そこがよくわかります。きっと総理とは3つ違いで、ほぼ同世代に属すせいで、見てきた景色が重なっているからでしょう。映画（もとは漫画）「三丁目の夕日」が上手に描いたような、つましくも明るい日本人の暮らしは、世代的原風景なのです。

以下に示す、「皆様、これからお目にかけますのは、わたくし見る度、なつかしい、旧《ふる》き良き1950年代へと、引き戻されるような気持ちにさせてくれる映画です」と、話し始める一節は、どなたのいつのスピーチかということはすぐ後で言うとして、まずはその続きを見てみてください。

「ALWAYS三丁目の夕日」、英語ではAlways Sunset on Third Streetという題名です。映画は上手にCGを使って、1950年代の東京を再現しています。

舞台は戦後13年目。再建真っ盛りの東京です。

1945年の3月と5月、東京を襲った焼夷弾の激しい空襲は、10万人を超す犠牲者を出しました。その多くは女性と子供でした。東京は灰燼《かいじん》に帰し、一面の焼け野が原になったのです。

それなのに、この映画に出てくる東京の人々が希望に満ち、楽天的なことといったらどうでしょうか。みんな、上を向いて歩いています。

その視線の先、空中高く、東京タワーが見えています。まだ半分しかできていません。でもまるで日本自身の再生を象徴するように、上へ向かって伸びています。

もっと遠くに、夕日が今しも沈むところです。三丁目に住む善良な人たちの営みを、夢と希望を、愛、そして涙を、幻想の色オレンジの柔らかい光に包みながら。

「ALWAYS三丁目の夕日」に出てくるのは、そんな期待に満ちた時代の小さな横丁です。鈴木さんという一家が出てきます。スズキ、というのは、日本でいちばんたくさんある名前の一つなんですね。その鈴木さんの、小さな自動車修繕工場。六子《むつこ》というのは、田舎から就職しに出てきたティーンエイジャーです。飲み屋のおかみはヒロミ。生活が、なんとかならないかなと思っています。竜之介《りゅうのすけ》は駄菓子屋の店主ですが、実は小説家志望です。こんな人たちが、三丁目に住んでいます。

三丁目の人たちは、なにかを信じていました。明日がきっともっと明るくなるのを信じ、互いを信じ、なにより自分たち自身を信じていました。

こんなふうにして、日本人は歩みを始めたのです。よりよい生活へ向かっての、デモクラシーと繁栄へ向かっての歩みを、このようにして始めたのでした。

一つだけ心残りなのは、【この場に】わたくしの夫がいないことです。この映画は、夫がとても好きな作品の一つです。素朴な子どもの頃のことを、夫はこれを見ていて思いだすようです。自分が皆様に紹介することを、夫は楽しみにしておりました。

時は、2007年の8月21日。ところはインドの首都、デリー。このスピーチを読み上げたのは安倍昭恵夫人でした。インドでいちばん有名な日本車は「スズキ」ですから、映画の一家が「鈴木」だということを、少し説明したりしています。戦後日本の歩みを「デモクラシーへの歩み」だったと規定するところなど、安倍外交のモチーフが出てもいます。このとき、安倍総理は別日程をこなしていたので、スピーチの場にいません。病気を悪化させつつあったことは、知る人はまだごく少数でした。

こんなスピーチを見るにつけ、安倍さんを称して、ロマンチストと呼びたくなります。「もっと遠くに、夕日が今しも沈むところです。三丁目に住む善良な人たちの営みを、夢と希望を、愛、そして涙を、幻想の色オレンジの柔らかい光に包みながら」などと当時を描写し（昭恵夫人を通じて、ですが）、「三丁目の人たちは、なにかを信じていました。明日がきっともっと明るくなるのを信じ、互いを信じ、なにより自分たち自身を信じていました」と妻に話させたとき、それは安倍総理が、ゆくりなくも、自身の原風景を語っていたのです。

東京がオリンピック・パラリンピックを開いた1964年、安倍総理は10歳、私は7歳でした。あのときの自分を、オリンピックはどれほど感動させたか、なまなましい実感をもって覚えています。若者に、希望のよすがを与えるとしたら、これだ、オリンピックとパラリンピックだ、という直感は、安倍総理に必ずやあったと思います。

第二次政権が本格始動した2013年1月、同年9月にアルゼンチン・ブエノスアイレスで開かれるIOC総会で、2020年大会の開催都市が決まるとわかっていたのに、それ以前の民主党政権では「どうせ取れないだろう」という敗北主義がはびこっていたことに気づいた安倍総理は、自らトップ・セールの陣頭に立ち、売り込みに拍車をかける決断をします。

月に一度、必ず週末をつぶす外遊に次ぐ外遊は、こうして始まりました。それは初発の段階において、実は五輪をゲットする目的に駆られてのことだったのです。

そう明示的に言うことはありませんでした。でも閣僚を動員できるだけ動員して海外に出張させたことや、総理自身の外遊先を含め、出張した相手国に有力な五輪関係者がいたことなど、少し気の利いた記者が突き合わせて調べてみれば、容易にわかったはずです。

五輪を競ったトルコ首相との友情

五輪ゲット外交は、いくつか予期しなかった副産物をもたらします。

中東産油国の一角、カタールのタミーム首長（シェイク・タミーム・ビン・ハマド・アール・サーニ氏）を、安倍総理は２０１３年８月、訪ねていくのですが、タミーム首長は、その２カ月前、同国首長に就任したばかりでした。

表面上は、その祝意を表しに行った形。また、もともとカタールは、日本の中部電力などが資源を大量に買い付け、それで伸びた国です。資源を通じた二国間関係強化のため、首脳外交は常に重要です。

しかし実のところは、五輪の票固めという意味合いを含んだ訪問でした。というのも、まだ若くてはつらつとしたタミーム首長が国際オリンピック委員会の委員で、中東、アラブ世界では最も影響力のあるキーパーソンだったからです。

タミーム首長は１９８０年生まれ。54年生まれの安倍総理とは親子ほどの年齢差がある相手ですが、これをきっかけに、２０２０年大会開催地が東京と決まったあともずっと続く親密な関係が、２人の間にできていきます。ニューヨークの国連総会に両者が同時に出席していたとして、たった30分でも２人が面談の場を設けたという報道に接したら、「とくに議題がなくても、あの２人は会いたかったんだな」と思ってください。事実、そういう仲の良さが2人にはあるからです。

忘れられないのは、エルドアン・トルコ首相（当時・現大統領）と安倍総理の間にできた関係です。

安倍総理がトルコを訪問した2013年5月初頭、われわれがまさに同国滞在中のこと、猪瀬直樹東京都知事（当時）がニューヨーク・タイムズの記事に出て起こしたいわゆる舌禍のせいで、もう東京の芽は完全に潰《つい》えたとすら思いました。

4月26日付同紙の記事で、猪瀬氏は「イスラム諸国に共通しているものは、アッラーだけ。それでいて戦い合っている」、「ロンドンや東京の、訪問者に対するもてなしぶりは洗練されているが、ほかはそうでもない」、「トルコで若い人が多いからと言って、早く死ぬのでは意味がない」と、まあ、言いたい放題。

その点を、記者会見でつかれ、不機嫌な渋面をつくって事態を一層悪化させたのが、5月2日のことだったのです。

不幸中の幸いと言うべきだったことに、翌日3日、総理にはスピーチの予定がありました。「日トルコ経済合同委員会」の場で、挨拶することになっていたのです。

一晩で書き直されたスピーチは、こんな始まり方をします。

「トルコ、トルコ、トルコ。それは、たくさんの日本人にとって、やさしく響く名前です。変わらない、親愛を思い出させる響きです」

中盤、猪瀬氏の悪口雑言を意識した箇所が現れます。

「近年、トルコの成長は、目覚ましいですね。成長率たるや、Ｇ20の中で、一、二を争うくらいであります。しかも、平均年齢が、29歳、素晴らしい。『若いって、すばらしい』。日本に、そんな歌があったのを思い出します。今日はこの歌は歌いませんが。

29歳ですから確かにはやく走ることはできます。日本も遅れないように走っていきたいと思います」

しめくくりは、次のようになっていました。

「最後に、イスタンブールと、東京のお話をさせていただきたいと思います。もし、イスタンブールが五つの輪を射

2013年5月3日、トルコ共和国訪問。日トルコ首脳会談に出席する安倍総理

止めたら、私は、誰より先に、イスタンブール、万歳、と申し上げようと思っています。そのかわり、もし東京が五つの輪を射止めたら、トルコの皆様、世界中の誰よりもはやく、万歳と叫んでいただきたいと思います」

随所で出た笑いは、猪瀬知事が不用意にもこしらえた緊張を、ほぐしてくれました。

やがて9月になり、ブエノスアイレスでの大会の場、ジャック・ロゲIOC委員長（当時）が「TOKYO」と読み上げ日本代表団が歓喜を爆発させていたそのさなか、トルコ側で、沈痛な表情の大男が一人立ち上がりました。エルドアン氏で、おもむろに近づいたかと思うと、安倍総理を両腕でひっしと抱きしめたのです。安倍総理の目には、感激の涙がキラリ。

その答礼として、総理は同年もう一度、今度はイスタンブールの海峡横断地下鉄開通式典に来賓として出て、エルドアン氏に花を持たせました。以来、トルコ政治には難民問題などもありすっかり安定が失われ、もしかすると五輪開催はやはり無理だったかと思わせないでもない展開です。エルドアン氏の評価も様々ですが、2人の友情は、それらを超越したもののようです。

「初めて未来が明るいと思えた」

今から全文を掲げるスピーチは、安倍総理が2013年9月7日、アルゼンチン・

ブエノスアイレスのＩＯＣ総会で、しめくくりのプレゼンテーションとして実施したものの日本語訳です。

日本代表団は、高円宮憲仁親王妃久子殿下の仏英両語によるプレゼンで始まりました。妃殿下自らがつくられ、何度も推敲《すいこう》されたという原稿は、美しいフランス語、そしておそらくは日本一素晴らしいイギリス英語によって優雅にも読み上げられ、これ以上ない上々のスタートが切られていました。

しかし事実はというと、それ以前の数日間、ブエノスアイレスでは福島の「汚染水」問題がことさらに言挙げされ、東京は、その一点で五輪開催権を取り逃がしかねない状況でした。また、対抗馬のスペイン・マドリード、トルコ・イスタンブールは、過去に開催実績がありません。一度経験がある東京は、不利だと思われていました。

アスリートの誰彼も、英国人のプロについて鍛錬しただけあって見事なプレゼンテーションを続けたのですが、こうした政治的難題に責任もって応《こた》えられるのは一人、安倍総理のみです。総理は責任の重大さを意識し、英語で実施するこのスピーチに、精魂をそそぎます。

これほど決定的に重要な場面で、英語のスピーチをした経験は、それ以前の総理にはありませんでした。プロンプターといって、演台の前に置いた２つのアクリル板に原稿を流す装置を用いましたが、距離からいって、本当はメガネをかけたほうが輪郭がはっきりし、読みやすいのです。あえて裸眼でいくことにした総理には、そこも不安材料でした。

だいぶ後になって、ふと総理が言ったのは、練習の間じゅう、プロンプターの字が読みづらく、実は本番には不安を抱えて臨んだんだ、と。

「でも、あんなことってあるんだねえ。会場の照明との兼ね合いもあったんだろうけれど、本番に行くと、プロンプターから文字が浮き出してきて、読んで読んでって、こう、こっちに迫ってくるみたいだったんだよ」

練習、練習、また練習を重ねて臨んだ安倍総理のここ一番、本番の仕上がりは、それ以前何十回と繰り返した練習時のどの回よりも、すばらしい出来栄えで、私たち側《そば》で見守った者すべてを、感動で震わせたのです。それではそのときのスピーチをお読みください。

委員長、ならびにＩＯＣ委員の皆様、東京で、この今も、そして２０２０年を迎えても世界有数の安全な都市、東京で大会を開けますならば、それは私どもにとってこのうえない名誉となるでありましょう。

フクシマについて、お案じの向きには、私から保証をいたします。状況は、統御されています。東京には、いかなる悪影響にしろ、これまで及ぼしたことはなく、今後とも、及ぼすことはありません。

さらに申し上げます。ほかの、どんな競技場とも似ていない真新しいスタジアムから、確かな財政措置に至るまで、２０２０年東京大会は、その確実な実行が、確証されたものとなります。

けれども私は本日、もっとはるかに重要な、あるメッセージを携えてまいりました。

それは、私ども日本人こそは、オリンピック運動を、真に信奉する者たちだということであります。

この私にしてからが、ひとつの好例です。

私が大学に入ったのは、１９７

2013年9月7日、IOC総会出席。総理プレゼンテーション

3年、そして始めたのが、アーチェリーでした。一体どうしてだったか、おわかりでしょうか。

その前の年、ミュンヘンで、オリンピックの歴史では久方ぶりに、アーチェリーが、オリンピック競技として復活したということがあったのです。

つまり私のオリンピックへの愛たるや、そのとき、すでに確固たるものだった。それが、窺えるわけであります。

いまも、こうして目を瞑《つむ》りますと、1964年東京大会開会式の情景が、まざまざと蘇《よみがえ》ります。

いっせいに放たれた、何千という鳩《はと》。紺碧《こんぺき》の空高く、5つのジェット機が描いた五輪の輪。何もかも、わずか10歳だった私の、目を見張らせるものでした。

スポーツこそは、世界をつなぐ。そして万人に、等しい機会を与えるものがスポーツであると、私たちは学びました。

オリンピックの遺産とは、建築物ばかりをいうのではない。国家を挙げて推進した、あれこれのプロジェクトのことだけいうのでもなくて、それは、グローバルなビジョンをもつことだ、そして、人間への投資をすることだと、オリンピックの精神は私たちに教えました。

だからこそ、その翌年です。日本は、ボランティアの組織を拵《こしら》えました。広く、遠くへと、スポーツのメッセージを送り届ける仕事に乗り出したのです。

以来、３０００人にも及ぶ日本の若者が、スポーツのインストラクターとして働きます。赴任した先の国は、80を超える数に上ります。

働きを通じ、１００万を超す人々の、心の琴線に触れたのです。

敬愛するＩＯＣ委員の皆様に申し上げます。

２０２０年に東京を選ぶとは、オリンピック運動の、ひとつの新しい、力強い推進力を選ぶことを意味します。

なぜならば、我々が実施しようとしている「スポーツ・フォー・トゥモロー」という新しいプランのもと、日本の若者は、もっとたくさん、世界へ出て行くからです。

学校をつくる手助けをするでしょう。スポーツの道具を、提供するでしょう。体育のカリキュラムを、生み出すお手伝いをすることでしょう。

やがて、オリンピックの聖火が２０２０年に東京へやってくるころまでには、彼らはスポーツの悦《よろこ》びを、１００を超す国々で、１０００万になんなんとする人々へ、直接届けているはずなのです。

きょう、東京を選ぶということ。それはオリンピック運動の信奉者を、情熱と、誇りに満ち、強固な信奉者を、選ぶことにほかなりません。スポーツの力によって、世界をより良い場所にせんとするためIOCとともに働くことを、強くこいねがう、そういう国を選ぶことを意味するのです。
みなさんと働く準備が、私たちにはできています。
有難うございました。

興奮冷めやらぬ中、総理と私たちは機上の人となって、帰路米ロサンゼルスに給油のため立ち寄りました。待機場所としてあてがわれた空港脇のホテルに入ると、メールが届き始めます。

そのうちの一つが、フェイスブックの「メッセンジャー」によって届いたもの。送り主は、早稲田や慶應義塾で私の講義を聞いてくれていた若い日本人女性でした。私自身に対する評価の部分は看過して、エッセンスを汲《く》んでください。こんな文面だったのです。

「先生、おめでとうございます！　安倍総理の最終スピーチで私には先生の存在がありありと見えるようでした。先生が描いたビジョンはとてもキラキラしていました。東京に決まった時、東ティモールにいる婚約者（彼も東京の生まれ育ちです）と電話で『7年後はきっと私達にも子どもがいるね。手をつないでオリンピックを見に行こう。人が多いだろうからその時は肩車したりして。平和の祭典を子どもたちに見せてあげよう』って話しました。私の世代で7年後に希望があるという感覚は初めてです。斜陽の国に育ったから、信じられる明るい未来を描いて生きるのは初めてです。希望がある時代っていいですね。本当にありがとうございます」

というものだったのです。

自分が一生のうちに受け取るメールのうち、これに勝る感動を喚起してくれるものが、果たしてこの先あるだろうかと思いました。

それよりなにより、安倍総理は巨大な事業を成し遂げたと直感しました。統治者のなすべき最も大切なこととは、若い人たちに、目指すに足る目標を与えることだろう。とすれば安倍総理は、すでに大きな達成を果たしたのだ、と。

同時に、経済を動かすうえで、未来を明るいと思える人が一人でも多いことが、いかに大切かを実感させられた瞬間でもありました。

それが、「期待」のもつ意味です。先行き、景色が明るくなるだろうと思ったとき初めて、人は前向きの投資をするようになる。工場なら新しい設備を入れたくなり、個人なら、学校に入り直して、自分の能力に一段の磨きをかけようとしたくなる。そうした一人ひとり、一社一社の前向きの努力が積み重なって、初めて経済は成長できるのです。

今アベノミクスは、われわれの社会から不安の要素を減らし、安心できる材料を増やして、人々の期待それ自体を浮揚させようと試みています。まるまるひと世代、悲観論者になってしまった日本人は、果たしてもう一度、夕日を見上げた三丁目の人々のように、未来は明るいと思えるようになるでしょうか。「未来」を「不安」と同一視する習慣を捨て、私にメールを送ってくれたこの女性のように、「信じられる明るい未来を描いて生きる」ことができるようになるでしょうか。

究極のところ、この一点にアベノミクスの成否はかかっています。未来の歴史家に、安倍総理は、何を成し遂げた人物だったとして記述されたいと思うでしょう。想像するに、日本人をもう一度元気にし、日本を活力あふれる国にした総理大臣だった、と、きっとそう記憶されたいと思っているに違いありません。その先、憲法改正までたどり着きたいと切望はしているでしょうが、憲法を仮に変えることができたとしても、元気と活力のない国のままでは、意味が半減してしまいます。

ウィメノミクスと新たな「時代精神」

この本では、何度か同じことを記してきました。統治する立場に立つ者は、国全体、経済全体を俯瞰するように眺めて、政府の手で動かせるレバーや紐《ひも》が何であって、何でないか見極めなくてはなりません。そのうえで、それらを押したり引いたりすることによって、企業や、人を、前向きにし、それによって徐々に経済を押し上げていくこうとするものです。

ところが、総理大臣たるものがもつべきこの巨視的な視点は、実際には、誰にでも獲得できるものではありません。経験を重ね、いろいろな施策の、効果の在不在を確かめながら、ようやく身につけられるものだろうと思います。

安倍総理にも、あの失敗に終わった第一次政権の1年、このような俯瞰的視野を身につけることは難しかっただろうと想像します。迫りくる選挙をどうしのぐか考えざるを得ない立場からは、物事を巨視的に眺めるゆとりは生まれないものでしょう。

他方、第二次政権における安倍総理のように、国政選挙に何度も勝利し、一定期間以上政権にいて、それでも景気を持ち上げることの難しさが骨身に沁《し》みる体験をすると、経済をもっと生き物として、つまり意欲とか希望の有無、強弱によって大きく影響を受ける存在として、実感できるようになるのだと思います。その実感に立って、自信をもって進められる政策とは、やはり人を励ます施策でしょう。端的にいってそれは、女性を勇気づけるウィメノミクスでした。

内閣府には「男女共同参画局」という局があり、英文名では「ジェンダー・イクオリティ・ビュロー」と称しています。

第一次政権のときにさして注目を浴びず、第二次政権になって俄然《がぜん》重要視されるようになった政策の最たるものは、ウィメノミクスであり、ジェンダー・イクオリティの推進でしょう。

安倍さんがいつからこの点に関する「ソーシャル・プログレッシブ（社会問題における進歩派）」になったのか、一時期、外国から来る人たちの多くが興味を示しました。

それに対して私が言うのは、日本経済再建のためならなんでもする。それが上位の目標で、そのため必要なら、女性を励ます役回りを毎日でも演じることにするのが安倍総理である、ということでした。

施策はおおまかに言って、数値目標を政府が立て、その実現に向けしゃにむに走ること、それから投資家による選択を促して、女性にとって働きやすい環境を提供している企業が、株価でも好成績をあげられるよう導いていくことの二点です。

２１７ページの表は、ウィメノミクスにおける政府の数値目標を示しています。女性の議員候補を増やす目標だけは、政府の仕事といっても各政党に達成を呼び掛けていくことができるにとどまります。が、そのほかをご覧いただくと、ある年限を達成期限と区切って、「検事に占める女性の割合」、「国家公務員採用試験からの採用者に占める女性の割合」など、30パーセント以上という数値目標がズラリ、並んでいるのがわかります。

安倍総理、菅官房長官はじめ、政権要路がこれら目標必達を呼びかけ各省庁にムチを入れ続けている状態です。日本の行政官がこういうときに真面目《まじめ》に動くことを考え

女性が活躍する日本を目指す政府の目標

議員候補数値目標

項　目	現　状	成果目標（期限）
衆議院議員の候補者に占める女性の割合	16.6％（平成26年）	30％（平成32年）
参議院議員の候補者に占める女性の割合	24.2％（平成25年）	30％（平成32年）

公務員登用数値目標

項　目	現　状	成果目標（期限）
国家公務員の女性登用		
本省課室長相当職に占める女性の割合	3.5％（平成27年7月）	7％（平成32年末）
係長相当職（本省）に占める女性の割合	22.2％（平成27年7月）	30％（平成32年度末）
地方公務員の女性登用		
都道府県（市町村）の本庁課長相当職に占める女性の割合	8.5％（14.5％）（平成27年）	15％（20％）（平成32年度末）
都道府県（市町村）の本庁係長相当職に占める女性の割合	20.5％（31.6％）（平成27年）	30％（35％）（平成32年度末）
民間企業の女性登用		
課長相当職に占める女性の割合	9.2％（平成26年）	15％（平成32年）
係長相当職に占める女性の割合	16.2％（平成26年）	25％（平成32年）
25歳から44歳までの女性の就業率	70.8％（平成26年）	77％（平成32年）

検事など数値目標

項　目	現　状	成果目標（期限）
検察官（検事）に占める女性の割合	22.4％（平成27年）	30％（平成32年末）
国家公務員採用試験からの採用者に占める女性の割合	31.5％（平成27年4月1日）	30％以上（毎年度）
国家公務員採用総合職試験からの採用者に占める女性の割合	34.3％（平成27年4月1日）	30％以上（毎年度）
国家公務員の各役職段階に占める女性の割合		
係長相当職（本省）	22.2％（平成27年7月）	30％（平成32年度末）
地方機関課長・本省課長補佐相当職	8.6％（平成27年7月）	12％（平成32年度末）
本省課室長相当職	3.5％（平成27年7月）	7％（平成32年度末）
指定職相当	3.0％（平成27年11月）	5％（平成32年度末）
国の審議会等委員等に占める女性の割合		
審議会等委員	36.7％（平成27年）	40％以上、60％以下（平成32年）
審議会等専門委員等	24.8％（平成27年）	30％（平成32年）
都道府県の地方公務員採用試験（全体）からの採用者に占める女性の割合	31.9％（平成26年）	40％（平成32年度）
都道府県の地方公務員採用試験（大学卒業程度）からの採用者に占める女性の割合	26.7％（平成26年）	40％（平成32年度）

合わせても、目標はなんとか達成できると踏んでおいていいのではないか。

とすると、表にいう「平成32年度」、「つまり2020年度」には、日本の行政機構の様子は、かなり一変している可能性が高いわけです。この年が、オリンピック・パラリンピック大会開催年であることは、むろん計算に入っています。

五輪のゲットに、安倍総理が積極外交を進め、自ら発信力の強化に努め、ついに成功したその後に、若い人たちが徐々に前を向いて未来を楽観視し始める（私がもらったあのメールにあったように）その土壌の上に、こうした具体的数値目標が掲げられて、実現に向け努力が続けられているわけです。

女性が働きやすい環境を提供し、女性の登用に熱心な企業は、株式市場から相応の評価を受けてしかるべきです。株価が上がれば、それら企業には、よその会社の買収などもやりやすくなり、経営の幅が広がります。これから就職を考える女性たちは、どんな会社がジェンダー・イクオリティの観点から見ていい会社かわかるなら、挙《こぞ》ってそれら企業の門を叩《たた》くでしょう。会社サイドから見れば、それだけいい女性を採用できることとなり、そこに好循環が始まります。

まさにこの目的で、毎年度、経済産業省、東京証券取引所が共同し、上場企業から48社（2017年度）を選んで「なでしこ銘柄」として発表しています。

どんな企業が選ばれているか、219ページの表で確かめてください。同銘柄選定

平成29年度「なでしこ銘柄」選定企業一覧

企業名	業種
カルビー	水産・農林業、食料品
アサヒグループホールディングス	水産・農林業、食料品
キリンホールディングス	水産・農林業、食料品
味の素	水産・農林業、食料品
石油資源開発	鉱業、石油・石炭製品
大和ハウス工業	建設業
積水ハウス	建設業
帝人	繊維製品
王子ホールディングス	パルプ・紙
積水化学工業	化学
花王	化学
中外製薬	医薬品
TOTO	ガラス・土石製品
日立金属	鉄鋼
古河電気工業	非鉄金属
LIXILグループ	金属製品
小松製作所	機械
ダイキン工業	機械
日立製作所	電気機器
富士電機	電気機器
オムロン	電気機器
セイコーエプソン	電気機器
ブリヂストン	ゴム製品、輸送用機器
島津製作所	精密機器
トッパン・フォームズ	その他製品
東京ガス	電気・ガス業

企業名	業種
大阪ガス	電気・ガス業
東京急行電鉄	陸運業、倉庫・運輸関連業
日本航空	海運業、空運業
ANAホールディングス	海運業、空運業
野村総合研究所	情報・通信業
KDDI	情報・通信業
SCSK	情報・通信業
双日	卸売業
三井物産	卸売業
日立ハイテクノロジーズ	卸売業
ローソン	小売業
丸井グループ	小売業
イオン	小売業
千葉銀行	銀行業
みずほフィナンシャルグループ	銀行業
大和証券グループ本社	証券、商品先物取引業
SOMPOホールディングス	保険業、その他金融業
アフラック・インコーポレーテッド	保険業、その他金融業
東京海上ホールディングス	保険業、その他金融業
イオンモール	不動産業
メンバーズ	サービス業
スリープログループ	サービス業

企業の株価を指数にして、それを東証株価指数（ＴＯＰＩＸ）と比べると、「なでしこ銘柄」のパフォーマンスは、明確に上回っています。

２０１９年4月30日から5月1日にかけて、陛下退位礼正殿の儀と、新天皇剣璽《けんじ》等承継の儀、新天皇即位後朝見の儀がとり行われます。10月22日には、即位礼正殿の儀、ならびに祝賀御列の儀が実施されます。その間の9月20日にはラグビー・ワールドカップ開会式が行われますが、ここには新天皇皇后両陛下がご参列になるのでしょう。明けて２０２０年ともなれば、オリンピック・パラリンピック・ムード一色となること、必定です。そしてそのころ、社会の随所に、たくさんの女性の活躍する姿が……。

私は、これからの日本は、時代の空気が一気に変わっていくだろうと思っています。元はドイツ語、長らく英語でも言われている「ツァイトガイスト（zeitgeist）」＝時代精神が、今から大きく変わります。

どう変わるかといったら、未来志向に、でしょうし、またそうでなくてはなりません。日本人からこびりついた弱気の虫を一掃し、未来に期待を抱く若者を増やそうと試みてきた安倍総理の政策が、時代の風を味方につけ、いっそう効果を発揮することを、私は希《こいねが》っている一人です。

第4章

世界を唸らせる安倍外交

使命感に裏打ちされた安倍外交

時代の変化が音を立てて進む中、今若い人を元気づけないで、いつできるだろう。そんな、切迫した認識は、安倍総理の中に必ずあると思います。

いえ、本人は、いつもの通り、至ってリラックスし、尋ねたとしても「いやそんなに肩ひじ張ってたら、かえってもたないから」などと一蹴するかもしれません。

しかし外遊の頻繁さを、今一度思い出してください。

月に一度、必ず外国に行き、首脳外交をすると自らに課したのは、安倍晋三という政治家が、まるで「ヲタク」のように、外交が好きだからですか？

安倍総理に、物怖《ものお》じしないという要素は確かにあると思います。

今、政権内外にいる有力政治家で、外国人との交際にまったく抵抗がない人という と、幾人も名前が挙がります。麻生太郎副総理兼財務相などは、お母さんの麻生和子（吉田茂の娘）が、東京の外国人コミュニティで最も有名だったと言っていいほどさばけた女性で、長男太郎さんも、その衣鉢を継いでいます。英語がうまいと言うなら、河野太郎、塩崎恭久、林芳正といった人の名が容易に挙がりますが、安倍総理は少し別格。

英語の出来不出来と別に、その表裏のなさと、長期的目標に向け日本を立て直そうとしている打ち込み方の真剣さとで、相手から敬意や、畏敬《いけい》の念を集めるのです。

ここからは、経済再建にどうしても欠かせない「希望」、「期待」、「前向きの心理」を国民に広くもたせるためには、その表裏をなすものとして、外交の努力が絶対に必要だということをお話しします。安倍外交の、現代日本にとっての意義、という話です。安倍総理にとっての外交が、使命感に裏打ちされたものだとおわかりいただけるはずです。

民主主義海洋国に繋がる外交

安倍総理の治政を見ていて確信することの一つは、内政と外政に、もはや切れ目などあり得ないということです。言い換えれば、自分は内政は得意だが、外政はいま一つと称する政治家に、これからの総理職は到底任せられないということです。

経済の成長には、人々が未来を期待し、希望を抱くことがなにより大切です。希望をもって未来を期待することができるには、現状に対する安心が前提条件になる。そして生命や財産が脅かされないという安心をもたらすのは、対外的な安全保障と外交です。

今言った話を反対から言えば、対外環境における安全が保障され、他国との関係がうまくいっているとき、人は安心を得て、未来に期待と希望をもって目を向けるようになる。経済成長の土台が、そこにできるということです。このようにして、内政・外政は切れ目なく結びついているわけです。

「内政が得意、外交はヘタ」の内弁慶だった典型は、故・田中角栄じゃないでしょうか。中国に行き、周恩来と会見したとき、相手の風格に押し込まれたか、頼まれもしないのに、尖閣《せんかく》諸島の領有権の話を持ち出した。完全に有効な実効支配をしている領土について、「どうしましょう」と持ち掛けたら、領有権を自分で疑問視したと同然です。

周恩来から「その問題は次の世代に譲りましょう」という趣旨の答を引き出して、その場を収めたつもりだったようですが、今、田中のこの弱気から出た軽率極まりない発言を一つの理由として、中国の「後世代」は、尖閣の領有権を明からさまに主張してはばからなくなっているわけです。

ところで私たちが見ている地図は、ふつうメルカトル図法になっていて、北緯、南緯とも高緯度の国は実際より大きく描かれています。グリーンランドなど、巨大に見えるのはそのせいです。同じく高緯度のロシアにも当てはまり、実はあの国を巨大に見せている。

今もし、中国を、メルカトル図法で描かれた地図上のロシアの位置にもっていくと、中国とロシアに大きさの差はあまり見えなくなることがわかります。そのくらい、中国は大きいという話です（地図①　原図は https://thetruesize.com/ 以下同）。

同じようにして、中国を欧州大陸の西に寄せてみると、別添の地図②のようになります。ご覧の通りドイツも、フランスも、イタリアもトルコもありません。ロシアも西半分、なくなります。欧州大陸全体が、中国一国で埋め尽くされます。

つまりオフショア（沖合）に残された島国・英国から見ると、大陸はただ一国ですから、誰かと組んで、ほかの誰かを牽制《けんせい》する類《たぐい》の、英国お得意、合従連衡のお家芸を追求しようにも、組むべき相手がどこにもいないことになります。

英国からの来訪客などにこの地図を見せて、私は言うのです。「こんな環境だったら、皆さん、どう振る舞いましたか」と。

地図①

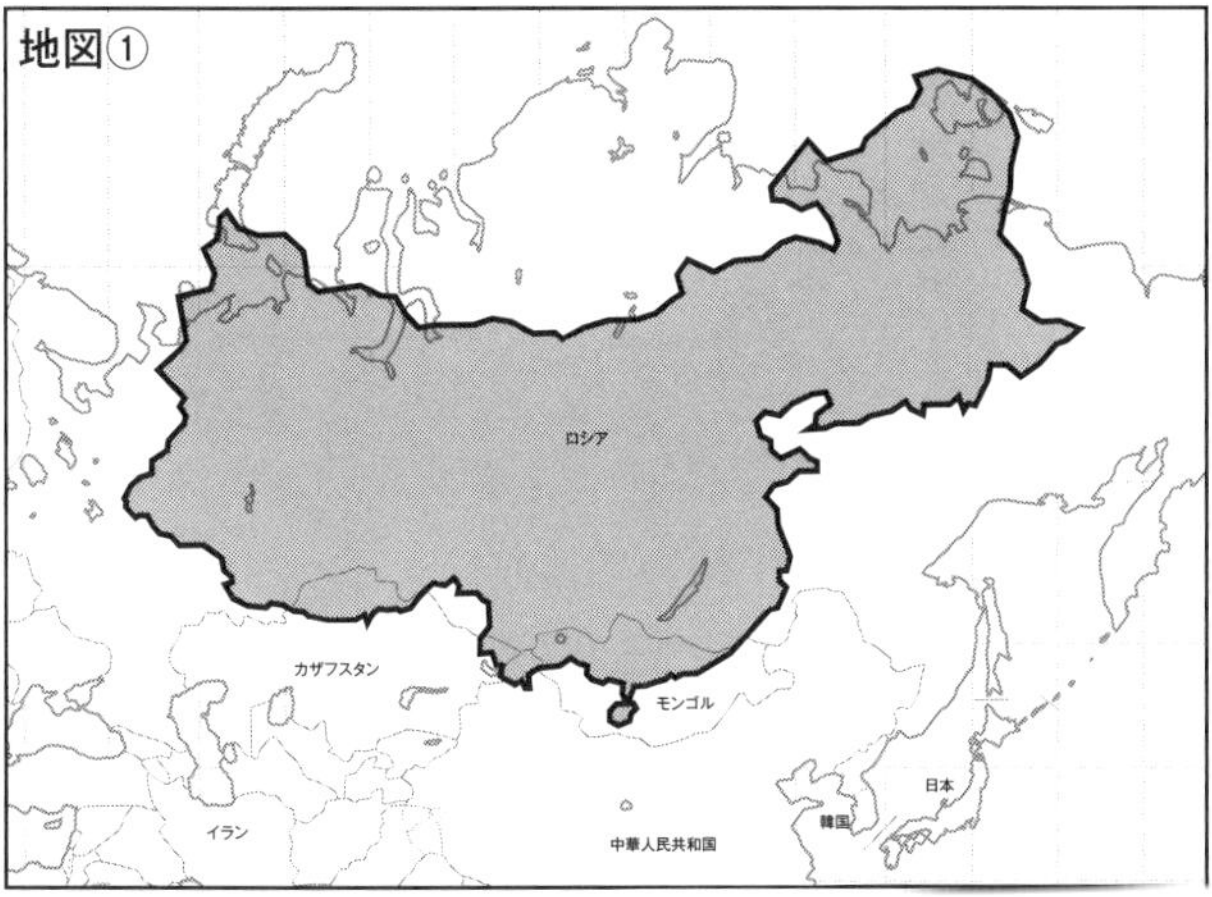

中国から遠い欧州諸国から見ると、ロシアばかりが巨大な脅威に見えます。中国のことは、単なる経済的機会だくらいにしかとらえていない人が少なくありませんから、アタマを切り替えてもらうにはこんな地図が有効なのです。

北米大陸に当てはめたときの地図（地図③）も、つけました。米国人は、中国を経済、軍事の両面でひたひたと追いかけてきている国と見て、次第に警戒しているようですが、物理的にもこんなに大きいことを知る人は多くありません。

地理的にこれだけ大きな隣国が、しかもなお共産党の一党支配で、軍事支出の拡大と装備の近代化に余念がないのです。すでに、南シナ海には軍事目的の恒久的建造物を構築し、あたかも同海域を自国の内海に

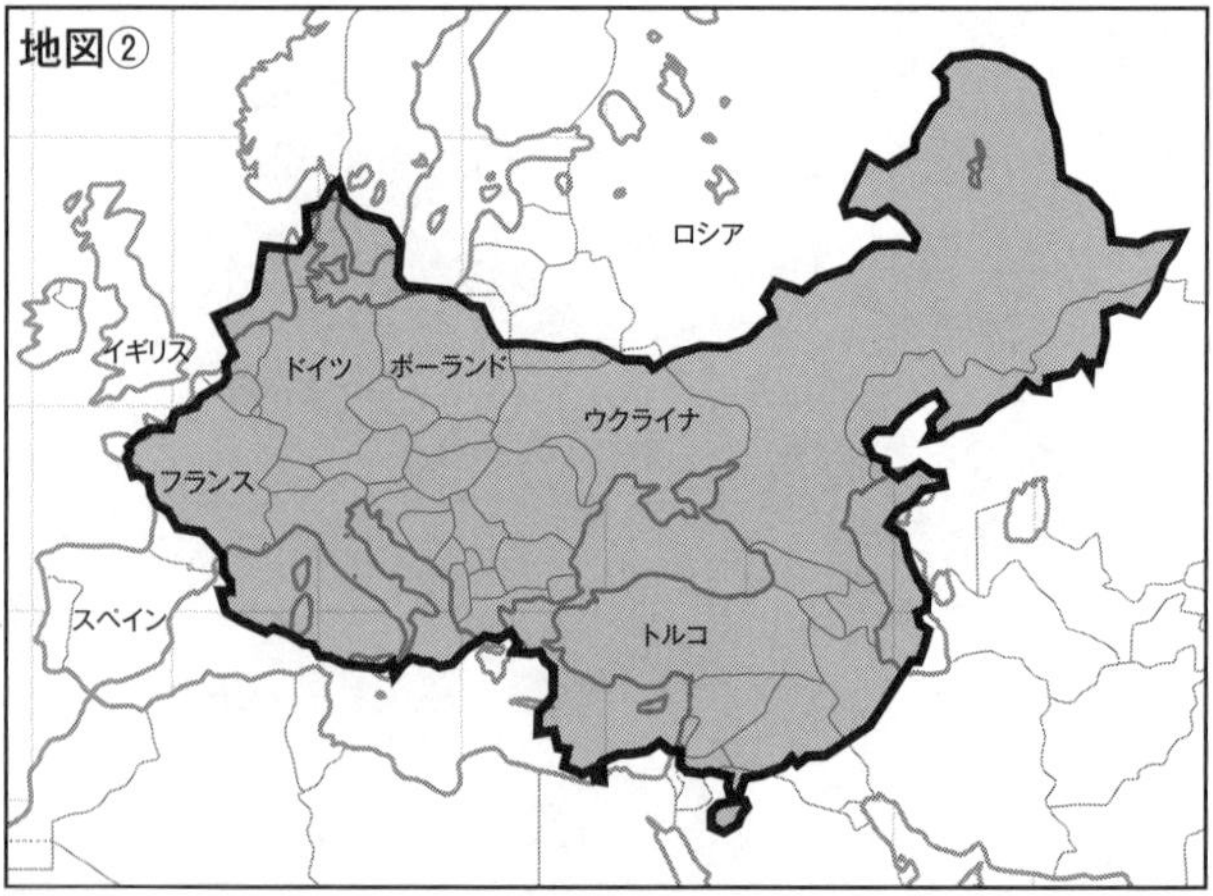

しようとするかのような動きもさかんであるかに見えます。

加えて、朝鮮半島の不透明性、ロシアの軍事的脅威があるのですから、何もせずただ指をくわえているだけですと、日本周辺の戦略環境は随分と息苦しいものになりかねません。こんな環境のもと、日本が「地理心理学的な袋小路（geo-psychological cul-de-sac 筆者の造語）」に入り込んでしまったと、たくさんの国民が思い始めたら……。酸素が不足した水槽の中の、金魚みたいな心境に、多くの人がなったら……。

人も企業も、中長期的な投資などやりたくなくなるでしょう。成長は実現せず、歳入は増えず、すでに悪化していた財政は深刻の度を増す……というふうに、悪循環が根を張らないとは限りません。

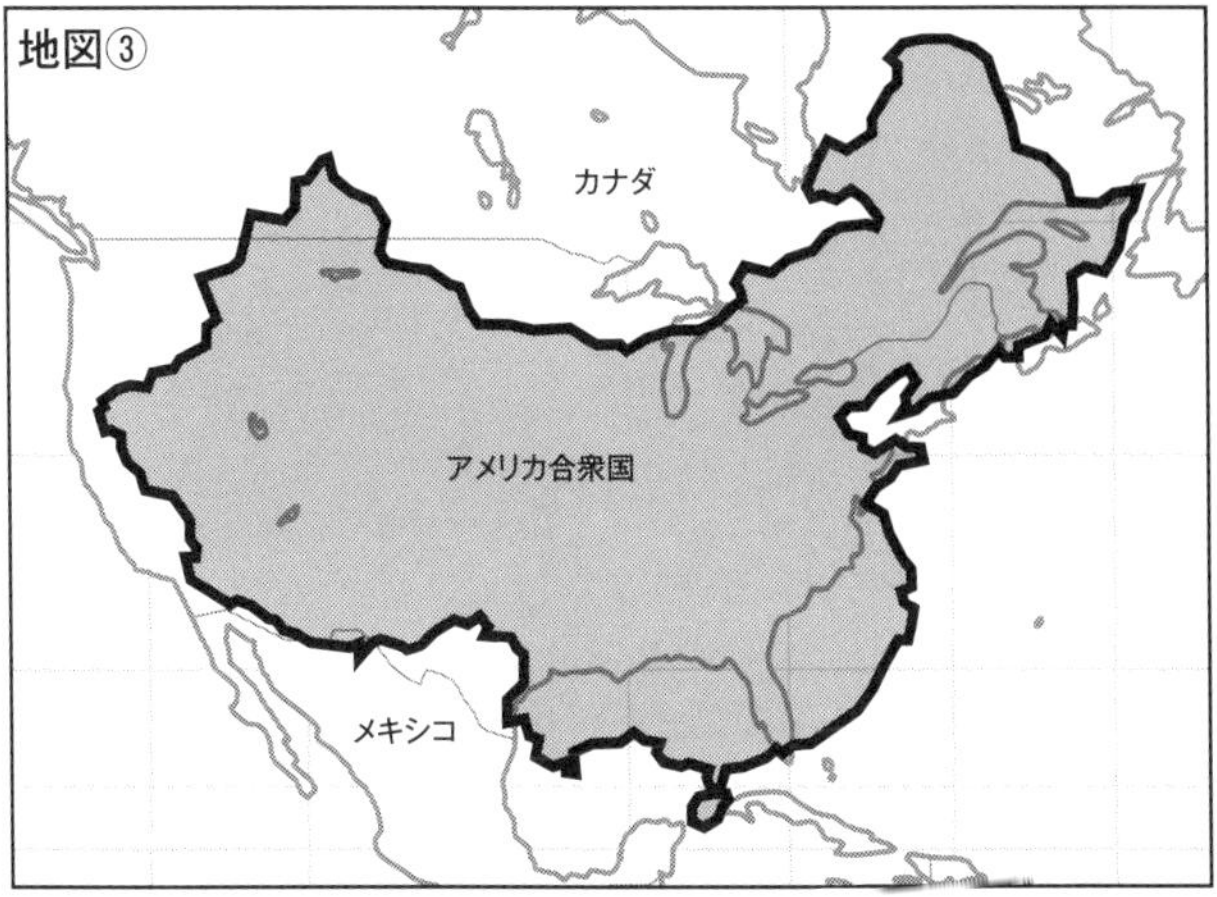

自らをどんどんと出口のない向きに追い込んで、ついに孤立を深めた1930年代の教訓もあります。息苦しい中、耐えていたってロクなことはない。

ですから日本の戦略は、日本を取り巻く地理的条件において不変である限り、誰が政権に就こうが本来同じなのです。安倍総理くらい、そこを意識し、自覚的に進めてきた総理は、今までいなかったということでしょう。

それはつまり、広い海をまたいで民主主義海洋国家と関係を深めることです。米国はもとより、豪州、インド。欧州からは、英国とフランス。これらの国々と、外交、安全保障の両面から常日ごろ情勢認識の擦り合わせをし、時には装備の共同開発をし、可能な限り共同で演習もするという政策です。

とりわけ今や、インド洋と太平洋をひとつながりの場所、「インド・太平洋地域」としてとらえる発想は、安倍総理にとっては第一次政権でインドを訪れ、上下両院議会で「二つの海の交わり」と題した演説をして以来、発展させてきたものです。

太平洋とインド洋を、「ランドスケープ」ならぬ「シースケープ」のもと俯瞰《ふかん》的《てき》に眺め、民主主義と、自由で開かれた秩序、法の支配がさきわう空間として、平和と繁栄を追い求めていこうという戦略です。

インドには、長い間英国支配にあったことの反動でしょう、米英、あるいは同じく英語国の豪州と一対一の関係を深めることにためらいが残っています。間に一枚日本が噛《か》むと、インド側の抵抗感は目に見えて下がります。つまり日米豪印の四角形で、日本の役割は橋渡し役として非常に重要なのです。

日本は何をすべきなのか

ドナルド・トランプ米大統領を悪しざまに罵《ののし》るのは、私たちが日ごろ目にする大手米系メディアに共通する傾向です。官邸の私のオフィスを訪ねてくる米国人にも、安倍総理とトランプ大統領との親密な関係を、あるいは不思議に思い、あるいは不審視する人が少なからずいます。「あんな」大統領と、安倍氏は「またどうして」と、聞きたそうな顔をしているわけですが、ではなぜ安倍総理はトランプ大統領と関係を密にしようと思ったのか。トランプ大統領は、本当に頼りになるのでしょうか。

まずこの後者の疑問、「トランプ大統領は頼りになるか」、または類似の問い、「米国は、まだ頼みとするに値するのか」から見てみます。

物事の分析をなりわいとする学者、時評家、新聞記者やシンクタンクの関係者なら、このような問いの立て方をするのはしごく当たり前のことでしょう。確かにトランプ大統領のスタイルはあらゆる点で異色に見え、また米国は、ひところに比べると、その力を相対的に弱体化させました。世界の出来事から、ともすると一歩退こうとしているやに見えないこともありません。

けれども、これらの問いには、「それなら自分はどうするのか」という、実は最も重要なはずの、自分自身に関わる問題設定がありません。

同じ現象に接しても、「トランプ大統領は頼りになるか」と問うのではなく、「こと日本との関係に関する限り、トランプ大統領に確かな姿勢を保持し続けてもらうには、どうすればいいか」を自分に対して問うのです。あるいは「米国は、頼みとするに足るか」と問うよりも、「相対的に力を落とした米国が、今後とも、インド太平洋地域の安全保障に関わり続けていけるようにするため、日本は何をすべきなのか」と、問うことができます。

米国が弱くなった、などと、ワケ知り顔で嘆いて見せるヒマがあるなら、これからも米国に強くいてもらうため日本は何ができるかと、国の大本をあずかる統治者ならば、自分自身の主体に引きつけた問いを立てるべきでしょう。そしてこれこそは、安倍総理が日々自らに問うてやまない問題の立て方なのです。

その証拠に、注意してみてください。安倍総理の決意を程度の差はあれ理解している閣僚、副大臣や大臣政務官たちの誰彼から、第二次政権発足以来6年近く、「米国はもう終わった」だの、「米国はもう、頼むに足りない」などといった米国に対する批判、というより、当てこすりめいた発言を口の端にのぼせた人は、一人もいません。

私は、政権のトップが状況に応じて考えがコロコロ変わる類の人物だったら、こうはいかなかっただろうと思うのです。つい、政権の誰か彼かが言わないでもいいことを言い、日米関係にさざ波を立てていたのじゃないでしょうか。

日米の間を離して日本が得をすることは、何一つありません。日米離間によって得をする国は、あるいはあるかと思います。

日本には、横須賀があり、佐世保があります。三沢があって横田があり、岩国があって、そして沖縄の基地がある。日本抜きに、米国のインド太平洋地域への関わりは成り立ちません。韓国にいる米軍は、朝鮮半島のため。日本にいる米軍は、まさしくインド太平洋地域のためなのです。インド洋のど真ん中、米国が英国から租借し戦略空軍を置いてきたディエゴ・ガルシア環礁の基地を指揮監督しているのは、在日米海軍です。ここに、日本が米国の広域戦略にとってもつ意味が凝縮されているといっていいでしょう。

しかも、第二次安倍政権下、平和安全法制整備法をつくり上げ、自衛隊は、平時においても米軍の「アセット（武器のこと）」を防護することができるようになりました（「自衛隊と連携して我が国の防衛に資する活動に現に従事している米軍等の部隊の武器等であれば、当該武器等を防護するための武器の使用を自衛官が行うことができるようにする」。自衛隊法第95条の2）。限定的にですが、いわゆる「集団的自衛権」を行使することができるようにもしてあります。米軍にはいつでも日本を守ってもらうが、米軍がどんな危険にさらされていようが、知らぬ存ぜぬだった以前の体制に比べれば、日米同盟はよほど堅牢《けんろう》なものになりました。その抑止力は、よそから見て、見くびれないものになりました。

これらを踏まえて、日米はいよいよ力を合わせ、インド太平洋地域の秩序維持に働くべきですし、それができるという自信をもって、安倍総理はトランプ大統領に接してきているのです。

渾身の「国連総会北朝鮮非難演説」

2018年6月12日のトランプ・金正恩会談に繋がる一連の流れの中、日本は「蚊《か》帳《や》の外」だったとする主張があります。反対に、トランプ大統領に近過ぎる、まるで忠犬ハチ公じゃないかと、そんな安倍批判もある。いずれもとことん的外れです。

2017年9月、安倍総理が国連総会一般討論演説で読み上げたスピーチが、始まりから終わりまで、徹頭徹尾北朝鮮の出方に注意を促したもの、尖鋭な危機意識に満ちた極めて警告的なものだったことを、想起していただきたく思います。

同演説で、「私は、私の討論をただ一点、北朝鮮に関して集中せざるを得ません」と言って切り出した安倍総理は、こう続けます。外交演説として異例の調子でした。

9月3日、北朝鮮は核実験を強行した。それが、水爆の爆発だったかはともかく、規模は、前例をはるかに上回った。前後し、8月29日、次いで北朝鮮を制裁するため安保理が通した決議2375のインクも乾かぬうち9月15日に、北朝鮮はミサイルを発射した。いずれも日本上空を通過させ、航続距離を見せつけるものだった。

脅威はかつてなく重大です。眼前に、差し迫ったものです。

我々が営々続けてきた軍縮の努力を、北朝鮮は、一笑に付そうとしている。不拡散体制は、その史上、最も確信的な破壊者によって、深刻な打撃を受けようとしている。

2017年9月20日、国連総会。一般討論演説

議長、同僚の皆様、この度の危機は、独裁者の誰彼が大量破壊兵器を手に入れようとする度、我々がくぐってきたものと、質において次元の異なるものです。北朝鮮の核兵器は、水爆になったか、なろうとしている。その運搬手段は、早晩、ＩＣＢＭ（大陸間弾道ミサイル）になるだろう。冷戦が終わって二十有余年、我々は、この間、どこの独裁者に、ここまで放恣《ほうし》にさせたでしょう。北朝鮮にだけは、我々は、結果として、許してしまった。

それは我々の、目の前の現実です。かつ、これをもたらしたのは、対話の不足では、断じてありません。

対話が北朝鮮に、核を断念させた、対話は危機から世界を救ったと、我々の多くが安堵《あんど》したことがあります。一度ならず、二度までも。

最初は、１９９０年代の前半です。当時、北朝鮮がなした恫喝《どうかつ》は、ＩＡＥＡ（国際原子力機関）など、査察体制からの脱却を、ちらつかせるものにすぎませんでした。

しかし、その意図の、那辺を察した我々には、緊張が走った。

幾つか曲折を経て、１９９４年10月、米朝に、いわゆる枠組み合意が成立します。核計画を、北朝鮮に断念させる。その代わり我々は、北朝鮮に、インセンティブを与えることにした。日米韓は、そのため、翌年の３月、ＫＥＤＯ（朝鮮半島エネルギー開発機構）をこしらえる。これを実施主体として、北朝鮮に、軽水炉を2基、つくって渡し、また、エネルギー需要のつなぎとして、年間50万トンの重油を与える約束をしたのです。

これは順次、実行されました。ところが、時を経るうち、北朝鮮はウラン濃縮を次々と続けていたことが分かります。核を棄《す》てる意思など、元々北朝鮮にはなかった。それが、誰の目にも明らかになりました。発足7年後の2002年以降、KEDOは活動を停止します。

北朝鮮はその間、米国、韓国、日本から、支援を詐取したと言っていいでしょう。

インセンティブを与え、北朝鮮の行動を変えるという、KEDOの枠組みに価値を認めた国は、徐々に、KEDOへ加わりました。欧州連合、ニュージーランド、豪州、カナダ、インドネシア、チリ、アルゼンチン、ポーランド、チェコそしてウズベキスタン。

北朝鮮は、それらメンバー全ての、善意を裏切ったのです。

創設国の一員として、日本はKEDOに無利息資金の貸与を約束し、その約40パーセントを実施しました。約束額は10億ドル。実行したのは、約4億ドルです。

KEDOが活動を止め、北朝鮮が、核関連施設の凍結をやめると言い、IAE

Ａ査察官を追放するに及んだ、２００２年、２度目の危機が生じた。懸案はまたしても、北朝鮮がウラン濃縮を続けていたこと。そして我々は、再び、対話による事態打開の途を選びます。

ＫＥＤＯ創設メンバーだった日米韓３国に、北朝鮮と、中国、ロシアを加えた、六者会合が始まります。２００３年、８月でした。

その後、２年、曲折の後、２００５年の夏から秋にかけ、六者は一度合意に達し、声明を出すに至ります。北朝鮮は、全ての核兵器、既存の核計画を放棄することと、ＮＰＴ（核兵器の不拡散に関する条約）と、ＩＡＥＡの保障措置に復帰することを約束した。

その更に２年後、２００７年の２月、共同声明の実施に向け、六者がそれぞれ何をすべきかに関し、合意がまとまります。

北朝鮮に入ったＩＡＥＡの査察団は、寧辺《ヨンビョン》にあった、核関連施設の閉鎖を確認、その見返りとして、北朝鮮は、重油を受け取るに至るのです。

一連の過程は、今度こそ、粘り強く対話を続けたことが、北朝鮮に行動を改めさせた、そう思わせました。

実際は、どうだったか。六者会合の傍ら、北朝鮮は２００５年２月、我々は、既に核保有国だと、一方的に宣言した。さらに２００６年の10月、第１回の核実験を、公然、実施した。2度目の核実験は、2009年。結局北朝鮮は、この年、再び絶対に参加しないと述べた上、六者会合からの脱退を表明します。

しかもこの頃には、弾道ミサイルの発射を、繰り返し行うようになっていた。議長、同僚の皆様、国際社会は北朝鮮に対し、1994年からの十有余年、最初は枠組み合意、次には六者会合によりながら、辛抱強く、対話の努力を続けたのであります。

しかし我々が思い知ったのは、対話が続いた間、北朝鮮は、核、ミサイルの開発を、諦めるつもりなど、まるで、持ち合わせていなかったということであります。

対話とは、北朝鮮にとって、我々を欺き、時間を稼ぐため、むしろ最良の手段だった。

何よりそれを、次の事実が証明します。すなわち1994年、北朝鮮に核兵器はなく、弾道ミサイルの技術も、成熟に程遠かった。それが今、水爆と、ICBMを手に入れようとしているのです。

対話による問題解決の試みは、一再ならず、無に帰した。何の成算あって、我々は三度、同じ過ちを繰り返そうというのでしょう。北朝鮮に、全ての核、弾道ミサイル計画を、完全な、検証可能な、かつ、不可逆的な方法で、放棄させなくてはなりません。そのため必要なのは、対話ではない。圧力なのです。

このあと演説は「横田めぐみという、13歳の少女が、北朝鮮に拉致されて、本年11月15日、ついに40年を迎えます。めぐみさん始め、多くの日本人が、いまだに北朝鮮に、拉致されたままです」と続くのですが、この演説は、北朝鮮のとってきた行動について生き字引のように、すべてを曇りなく記憶している安倍総理が、トランプ大統領に、そして国際社会に、強い確信のもと、危機意識の共有を求めたものでした。

安倍総理、北朝鮮制裁決議を主導

安保理が通した決議の「インクも乾かぬうち」、北朝鮮はミサイル発射を強行した――と平壌を非難する一節が、右に掲げた安倍総理の演説にはありました。それから1週間ほど経った10月7日、トランプ大統領は自身、ツイッターの書き込みで、「過去の合意はそのインクが乾かぬうち破られた（agreements violated before the ink was dry）」と言います。

そっくりの表現が現れたその間の因果関係は、わかりません。しかしこのころには、圧力強化で日米は完全に一枚岩になっていました。むろん、安倍総理とトランプ大統領の間で、その点に関する認識を一致させる自覚的な努力があったからです。

この強固な連携を土台にして、安倍総理は中国の習近平主席と会談に臨みました。おりから、ベトナムのダナンで開催中だったアジア太平洋経済協力会議（ＡＰＥＣ）首脳会議と併行し、２人はフルに45分、話し合います。

その模様についてわが国外務省がウェブページに載せたところを引用すると、「双方は、最近の北朝鮮情勢に関する非常に突っ込んだ意見交換を行った。安倍総理から、国際社会全体で北朝鮮に対する圧力を最大限まで強化していくべきである旨述べ、中国の更なる対応を求めた。双方は、朝鮮半島の非核化は日中両国の共通の目標であることを確認し、国連安保理決議の完全な履行に向けて緊密に連携することを含め、地域の平和と安定のため、日中間の連携を更に深めていくことで一致した」となっています。「非常に突っ込んだ」とは、外務省の書きぶりに滅多に表れない強い表現です。安倍総理が、よほど強く食い下がったのでしょう。

ちなみにこれが、２０１７年の11月11日。前日、10日には、安倍総理はロシアのプーチン大統領とも会い、北朝鮮への対応について同様の議論をしています（そのときの言及ぶりは、淡々としたもの）。

これらがあってこそ、そのわずか20日足らず後、北朝鮮がいよいよＩＣＢＭ（大陸間弾道弾）級新型ミサイルを発射したのを受け、日本が議長となって12月15日に開いた国連安保理閣僚級会合で圧力強化で全員が一致、続いて同月22日、日本を議長として開かれた安保理が、北朝鮮に対する制裁措置を前例のないレベルにまで一層高める強力な国連安保理決議第２３９７号を採択するに至るのです。

節目、節目で、安倍総理と日本政府が一連の流れを主導したことは、以上でおわかりでしょう。もしもあの9月、国連総会の場で、安倍総理が北朝鮮一本にテーマを絞り、危機意識に満ち満ちた異例とも言える演説をして一般の覚醒を促していなかったら、その後の勢いが果たして生まれたでしょうか。少なからず、疑問です。

そしてその10日後、２０１８年が明けると同時に、金正恩《キムジヨンウン》は突然韓国などとの対話路線に当座の方針を変えるにいたりました。結局6月12日、トランプ・金会談が実現して、北朝鮮の対応を見極める段階に移りました。

安倍総理が国連総会の演説で言及したように、私たちは一度ならず二度までも、北朝鮮の食言にうかうか騙《だま》された苦い過去をもっています。１９９０年代と、２０００年代、いずれの場合も、北朝鮮最高指導者は、合意に署名を与えていませんでした。今回、金正恩と会う以上、先方の署名を勝ち取るべきだとトランプ大統領に進言したのは、安倍総理です。世界最大最強国家の大統領と署名を交わし合った事実は、消すことのできない重みをもつのだと、安倍総理はトランプ大統領に自ら伝えたというのです。

今後とも、日本は蚊帳の外ではあり得ません。国連決議に違反する物資の授受など、日本はそのもてる情報収集能力を生かして監視、阻止する先頭に立っています。この先、私たちにとっては最も大事な拉致問題を北朝鮮が解決して、核、ミサイルで進歩が見られた暁には、国交正常化へのプロセスを始めることになっています。

その出口のところでは、日本から北朝鮮に、往昔、1965年、日韓が国交を回復したときそうだったように、恐らくはおカネが流れていきます。日韓国交回復のとき、有償資金、無償資金を合わせたおカネ5億ドルが、韓国に払われました。

同年、日本がもっていた外貨準備高は、今日から想像しがたいことですが、わずかに21億7000万ドル。極貧にあえいでいた韓国の外貨準備高は、たったの1億4600万ドルに過ぎませんでした。またやはり同じ1965年、日本政府が実施した政府開発援助（ODA）の総額（ここに韓国向け資金供与は含まれていない）は、2億4400万ドルでしたから、当時の5億ドルがどのくらいの規模だったか想像ができます。

北朝鮮は、ここから様々に「皮算用」をし、日本政府との交渉に臨むことでしょうが、拉致問題が動かず、核、ミサイルでまたもや国際社会を欺くようなら、日本から北朝鮮に1円も流れていかないことは言うまでもありません。

つまりこのことが北朝鮮にはインセンティブとなって作用し続けます。日本は、どう転んでも「蚊帳の外」に転がり出たりすることがないようになっているのです。

豪ターンブル首相「安倍氏はぶれなかった」

では、「安倍さんはトランプのご機嫌ばかりとっている」という悪罵《あくば》についてはどうでしょう。幾分なり、根拠のある話でしょうか。

選挙期間中のトランプ氏が、日本を悪漢扱いしていたのはまだ記憶に新しいところです。

1980年代と今の日米関係の大きな違いとは、日本企業は全米各州に工場を建て、事務所をつくってきた結果、今や多くの州で一、二を争う雇用主になっていることです。大統領選挙の度に熾烈《しれつ》な戦場となるオハイオ州などが好例で、ホンダは同州に、9500近くの雇用をもたらしています。全米規模で見ると、日本の対米直接投資残高は4914億ドル（2017年末）。それより多くの残高をもつ国は、言語の壁をもたない英国しかありません。また中国向け残高の1184億ドルを、大幅に上回っています。

それでもトランプ氏はこうした数字にさして関心を払わず、1980年代末辺りで時計が止まっているのかといぶかりたくなるような対日批判を、しばしば繰り広げました。

ですから日本は、まかり間違うと、大統領の非難を集中して浴びる役回りになっていたかもしれないと思うのです。
「日本の総理大臣と会ったが、あれはわからずやだ」「ヤツの言い分は納得いかない。日本はズルい、アンフェアだ」「だいたい、あんな面白くないヤツとどうして何時間も一緒に過ごさなくちゃならないんだ。ゴルフもしたことがないなどと言う」

繰り返しをいとわず言いますが、日本の総理大臣がトランプ大統領から始終こんなツイートを浴びせかけられていたとしたら、「安倍氏はトランプに近過ぎる」と批判する人たちは、なんと言ったでしょうか。

北東アジアの安全保障環境が激変する中、日米同盟の有効性や耐久性に、一抹、疑いをもたなくてはならなくなりかねません。国民心理には、米国を嫌う嫌米感情がまたぞろ現れて、周辺国に対して日本の弱さを顕現してみせることになっていたかもしれません。それらはよってもって、国民の気持ちを不安にしたでしょう。希望でなくて不安が広がるとき、日本の成長は、それだけ難しくなっていたことだろうと思います。

ドナルド・トランプ氏を悪しざまに言う人たちは、トランプ氏を熱い思いで支持した草の根の米国人たちに向かって、罵詈雑言《ばりぞうごん》を投げかけるに等しいわけです。トランプ氏を生み出した米国民主主義まで、貶《おとし》めようというのか。

ですから安倍総理は、２０１６年11月、大統領選挙当選早々のトランプ氏を、ニューヨーク・マンハッタンのトランプ・タワー最上階に通訳一人を伴っただけで単身訪れたとき、まずは氏を大統領に就けた米国制度に依然として深い敬意を示していました。他方、メディアのかまびすしいトランプ報道にはあえて耳を傾けず、自分の心眼でトランプ氏を見極めようとして会いに行ったのです（このアポは、取るのが極めて難しいアポだったはずなのですが、当時の佐々江賢一郎駐米大使は自分自身の人脈を駆使したと言われています）。このどちらの態度とも、安倍氏を一度にトランプ氏に引きつけました。

米国に対し尊敬の念をもち、トランプ氏に対しては偏見から自由な態度で接してきたのです。さぞかし嬉《うれ》しかったでしょう。2人の友情の始まりでした。

あえて繰り返しますが、安倍総理は、日本の国益を維持し、増進し、あり得る損害から守るには、日米同盟を堅固に維持し、不断に拡充することが不可欠だと信じています。この確信において揺るぎがない限り、米国大統領がたまたま誰であれ、現在その地位にある人と、可能な限り円滑な意思疎通のできる関係をもとうとすることは、責任ある統治者として当然のこと。疑問の余地なく重要なことなのです。もしヒラリー・クリントン氏が大統領になっていたとしても、安倍総理は彼女とこれ以上ないと言われるくらい良い関係を築いていたに違いありません。

トランプ氏が安倍総理に敬意を払うのは、古い言い方で恐縮です、「オヌシも、男よのお」と、トランプ氏に言わせるものを、安倍総理がもっているからでしょう。追従は言わず、へつらいなどまったくしない。むしろ、「大統領、あなたの考えはわかります。どうしてそう思うか知っていますが、日本には日本の利益や立場がありますから、これは、やらせてもらいます。知っててください」といったようなことを、安倍総理はトランプ大統領に対して、最初からストレートに言ってきました。

だいぶ前になります。第一次安倍政権で外務大臣を務めていた麻生太郎氏はなにかの折、私に安倍総理の性格を指してこう言いました。「安倍さんて人は、直球のみ、なんですよ」。そう言う麻生さんだって、ナックルでも投げそうに見えながら、実は案外直球派なんじゃないですかと私は内心思いましたが、麻生さんのこの安倍評価が、その後私の中で時折よみがえります。トランプ大統領との交際ぶりなどが、それではないか、と。

「日本には日本の利益があり、立場があるから、やらせてもらおう」と総理が思い、トランプ大統領に言ってもきたのは、環太平洋パートナーシップ協定（ＴＰＰ）のことです。

大統領に就任するやいなや、トランプ大統領は、公約通り、ＴＰＰに入らないことを明確にしました。

加盟国中最大の市場をもつ米国が突然消えていなくなり、ＴＰＰはもはやその命運も尽きたかと思われました。ここで踏んばったのが、安倍総理と、総理の強い意向によって奮闘した梅本和義・国際貿易・経済担当特命全権大使兼TPP首席交渉官でした。

結論から言うと、米国抜きの11カ国は2018年3月、チリで「環太平洋パートナーシップに関する包括的及び先進的な協定（TPP11協定）」の締結に至ります。日本では、関連法案が、2018年6月29日、延長国会の参議院を通過し可決・成立、山あり谷ありの長丁場が一応のゴールに至りました。

トランプ大統領に単に気に入られたいだけの人物には、ここまでの指導力は発揮できなかったでしょう。

称《たた》えているのは、豪州のマルコム・ターンブル首相です。米タイム誌が世界から影響力ある100人を選ぶ企画で、2018年、その一人を安倍晋三氏にした際、ターンブル首相は推薦の筆を執ってこう書きました。本邦メディアで全訳を試みた例はないと思いますから以下に掲げましょう。

「安倍晋三氏は、2012年12月総理大臣の座に就いて以来、自信に満ちダイナミックな指導力によって日本の経済とその展望を改善させた。政治指導者（ステーツマン）として彼は粘り強く、そして地に足をつけ、我々の地域の繁栄と安全が、ルールに基づく国際秩序の保全と伸長にかかっていることを知っている。世の中には強いリーダー、幅を利かせる指導者が少なくない中、辛抱強さ、勇敢さにかけて、安倍氏ほどの人はいない。

同時に安倍氏は、柔軟であるとともに、よい聞き手でもあって、ほかの人たちの意見をなんとか取り入れようとする意欲を常にもっている。TPPの未来は、米国の撤退を受けて一時絶望的に見えた。そのとき安倍氏は、他の諸国と力を合わせ、TPPの蘇生《そせい》を目指したのである。氏の資質が、最もよく発揮されたときだった。安倍氏はぶれなかった。そして3月、豪州と日本を含む11カ国は、TPP11への署名を果たしたのである。

安倍晋三氏が率いる日本は、豪州にとって、それ以前にも増して親密な、

2017年1月14日、オーストラリア訪問。ターンブル首相との共同記者会見

信頼のおける、戦略的なパートナーとなった。私自身も、彼の友情と、賢明なアドバイスとを大いに大切に思っている」

政治指導者が、他国の同輩からこんなふうに「採点」、「評価」されることは、稀《まれ》です。安倍総理は、どんなにか、嬉しかったでしょう。

ターンブル首相の前任、トニー・アボット首相が、ターンブル氏に蹴落とされる形で政権から去ったとき、安倍総理に感想を伺ったら、本当に残念だと、珍しく肩を落とさんばかりでした。確かにアボット首相は、安倍総理が当初中国のネガティブ・キャンペーンの集中攻撃を浴び、やれ反動の、右翼の国粋主義のと批判を集めていたとき、敢然、安倍総理の弁護を厭《いと》わなかった人です。国際情勢の認識においても2人はほとんど議論の必要すらないほどいつも一致していたらしく、「肝胆《かんたん》相照らす」仲と言いたいほどでした。

後を襲ったターンブル氏は、アボット氏と違って少し腹の中が読み辛《づら》いタイプ（ということは、安倍総理がやや苦手とするタイプ）だったようです。子息が中国共産党との関係を活《い》かしたビジネスをしている、氏自身も、対中ビジネスで潤ったといった情報もあり、安倍総理にしてみれば、本当のところどこまで深い付き合いをすべきかはかりかねていた面があったのだと思います。

そこはターンブル氏にしても、活路を開きたいと思っていたところだったのでしょう。2017年1月中旬、安倍総理訪豪の折、ターンブル首相は自邸があるシドニー湾沿いの、朝の散歩に安倍総理を誘います。そしてこのとき、ターンブル首相は、実は自分の子ども時代は惨めそのものだったと打ち明け話をします。つとに豪州ではメディアが報じて多くの人の知っていた話でしたが、本人がじかに「実を言うと自分の子ども時代は」と切り出すのは、やはり特別なこと。その特別なことを安倍総理にし、生みの母が、自分を見捨てて家を出たことを語ったというのです。

率直たろうとして個人史まで打ち明けたターンブル氏のことを、安倍総理はそれ以来友人の一人と見做《みな》すようになりました。それからは機会を見つけては会い、電話をし、というように、極めて密接な関係がつくられ、今日に至っています。そういう背景があっての、安倍総理に対する「採点」だったのでした。

このことは、単に首脳同士仲が良くて微笑《ほほえ》ましい、と慶賀していればそれでいい話ではありません。

豪州の戦後経済発展は、常に日本とともに歩んだ歴史でした。鉄鉱石と粘結炭を、八幡、富士両製鉄（のち合併し新日本製鉄）に売り、広大な露天掘りの鉱山が、そのために開発されました。天然ガスの売り先だったのは、例えば東京電力です。一方日本側でも、これら資源を仲介した三菱商事は、黙っていても転がり込む莫大《ばくだい》な口銭で潤いました。

しかし台頭する中国は、今や巨大な影響力を豪州経済に行使しています。それだけではありません。豪州には中国人が移民として流入しています。彼らは市民権を得ては、豪州政治における有権者になっています。日本には絶対にできなかった類の影響力の及ぼし方が、こうして中国にはできています。

変化は急激で、豪州の人々に、自分とは何者か問うきっかけをもたらしています。老舗民主主義国の一角として、また、米国が戦った戦後の戦争のすべてに義理堅くも例外なく参加してきた米国の同盟国として、法の支配や、自由と基本的人権の大切さを、豪州という国は高唱しなくてはならないと、少なからぬ豪州人たちは思っているでしょう。

けれども経済となると、中国を意識せざるを得ません。そして豪州経済とは、意外に小さいものです。東京から新大阪まで、東海道新幹線が走る都府県の県内総生産を合計すると、2兆ドルに手が届きます。それに比べると、豪州とニュージーランド両国のGDPを合わせても、1兆4000億ドル程度なのです（韓国、ロシアのGDPは、それよりやや小さい）。

こんなとき、東経135度を真北に見て、そこに頼もしい友人がいると思えることは、どれだけか、豪州国民心理を落ち着かせることでしょう。逆もまた真なりで、先ほど用いた表現を繰り返すと、ジオ・サイコロジカルな袋小路に入り込みかねない日本にとって、赤道の南に、堂々たる海洋民主主義国があると思えることくらい、心丈夫なことはありません。

また豪州は、太平洋国家だとばかりに思いがちですが、実はインド洋に2つ、島をもっています（南極近くにもう一つある）。一つはクリスマス島。もう一つがココス島。どちらも旧日本軍と関係があるのです。ココス島の立派な飛行場は、戦時中、日本を攻撃するための拠点として整備されたもの。クリスマス島は、日本軍が攻撃をしかけた場所でした。今クリスマス島には、豪州海軍の艦艇が少なくとも1隻、常駐しています。

インド洋と太平洋を一体としてみなす考え方は、つとに、豪州の側にありました。これら島々の存在ともあいまって、豪州には今後、インド太平洋アイデンティティとも言うべき新たな自画像が育っていくでしょう。日本はそんな豪州と、いよいよ密接に結びつくべきなのです。

首脳間の信頼という「資産」

6年近く毎月外国に出かけ、たくさんの指導者と会っていれば、安倍総理には、ビジネスライクな関係を超えた、真の友情を培う相手が幾人も現れました。私は、これこそ国の宝だと思う者です。まず、長くその座にいなければ、外国の指導者との友誼《ゆうぎ》などつくれません。長くいただけでも難しい。お互いに敬意を払い合える関係をつくれるかどうかは、人によるでしょう。安倍総理には、いつでも簡単に電話ができ、外交儀礼抜きにすぐ本題に入ることのできる相手が、たくさんの国にできました。これこそが、国益を支える資産だと言っていいでしょう。

豪州ターンブル首相については既に述べました。フィリピンのロドリゴ・ドゥテルテ大統領、インドのナレンドラ・モディ首相、先にも挙げたカタールのタミーム首長、イスラエルのビンヤミン・ネタニヤフ首相や、ロシアのウラジーミル・プーチン大統領。

この中にはモディ首相のように、安倍総理を相手に、仏教的、ヒンズー的文化の共通性を強く確認し合おうとする人もあります。魂と、魂のレベルで、繋がり合いたいと思っているのではないか。これは私の想像です。

トルコのエルドアン大統領にせよ、フィリピンのドゥテルテ大統領にせよ、その施策、政策のすべてを、まるごと認めたり、賛成したりできるとは、安倍総理は思っていないはずです。しかし先方にしても、日本の総理大臣が自分とすっかり同じ考えになるなどと思っていません。なにか一緒に考えなくてはならないことが起きたとき、あるいは協力の必要な案件が生じたとき、そんなときにこそモノをいうのが首脳間の信頼です。安倍総理が、そのような意味で信頼を広範囲に築いたことが、今のように秩序の変動期には、大いなる資産となるはずではありませんか。

さかんな外交の狙いを、総理は、「地球儀を俯瞰する」外交をするのだと言います。

地球は広い。地球を覆う海は広くて大きい。そして日本は、四方《よも》の海、地球の隅々に、価値観をともにする盟友がいるのだから、安心していいのだと。

狙いの一つは、そう国民に示すことです。日本人のしぼんだセルフ・エフィカシー（「なせばなる」という気持ち）を、外交でも強くしたいと思っているのです。

もっと言うと、日本の戦略空間（ストラテジック・スペース）を広くし安定させて、日本が何十年でも、すっくと立って堂々と

2017年1月13日、フィリピン訪問 ―2日目。
ドゥテルテ大統領と親交を深める安倍総理夫妻

していられる、そういう状態をつくりたいのだろうと、私は信じて疑いません。

外部環境をこうして安心できるものにしていけば、それは国内の長い闘い、つまり経済再建の努力に、必ずやプラスに働くはずだという思いが総理にはあるのです。

日本は、同じ価値観をもった国々と緊密に繋がる国だと世界に見せることは、日本の、国としての政治資本を高め、容易なことでは手出しできない印象を与えます。

と同時に、未来に対して悲観したがる日本の若い人たちに、「日本はこうした国々としっかり連なっている」「大丈夫だ」と安心してほしい気持ちが、総理にはあるでしょう。すなわち経済面での「期待」形成にも繋がっている。安倍外交はアベノミクスを支え、また互いが補完し合っている面があるのです。

演説会場に漏れた嗚咽

総理の外遊に同行して見る情景に、私はしばしば胸打たれてきました。

豪州の議会へ行き、両院議員を前に、未来を一緒につくろうと訴えたスピーチ原稿をつくる際に、総理が想起したのは、祖父・岸首相が初訪豪したときの故事です。

当時、相手方の豪州首相は、訪れた岸を前に、過去ばかり見るのはよして、日本と一緒に前を向こうという趣旨を述べました。対日復仇心《ふっきゅう》が豪州側に濃く残っていた時期に、です。この度量には打たれるじゃありませんか。安倍総理はそこを、感動とともに訴えました。和解を力強く確認した一瞬です（２５９ページに、そのときのスピーチの和訳を収録します）。

同じ光景は、２０１５年4月29日、米国議会上下両院で総理が45分、英語で演説したとき、もっと劇的に繰り返されました（このスピーチは本書ですでに収録。61～74ページ）。

硫黄島で戦死した栗林忠道陸軍中将の武勇を称《たた》えながら、同時に、居並ぶ米国議員たちから涙を流させるという離れ業です。見ていた私は、長かった日米のわだかまりが、本当に今、温かい涙の中、ほどけて解けていくのだと思いました。

それから２０１６年の、伊勢志摩サミットです。神道の、いわば「聖地」に連れてこようというのです。政教分離にやかましいフランスなど、いやだと言いかねないところを、総理は培った信頼をもとに、おいでくださいと強く説いた。「来てくれればわかるはずだ」との思いが、総理にはありました。

案の定、古木生い茂る内宮を、玉砂利を踏んで歩き、清冽《せいれつ》な空気に触れたＧ７各国首脳は、何か特別な、スピリチュアルな体験をしたと、一様に神妙だったのです。

２０００年になんなんとする伊勢神宮の歴史において、空前にして、もしかすると絶後の光景を、安倍総理は実現した。余人の誰に、可能だったでしょうか。

ペルーやアルゼンチンといった南米を訪れるたび、総理は日系の人々と会う機会をこしらえます。差別と貧困の中、志を堅固にもって、日系の人々は現地に受け入れられました。それどころか、「ハポネス・ガランティード（日本人は折紙つき）」と、信用を勝ち得ています。

総理は彼らをねぎらうのですが、「よく頑張ってこられました。日本人としての誇りを忘れずに」と総理が言うと、会場から嗚咽《おえつ》が漏れる。見ている昭恵夫人、やがて総理自身涙ぐむという情景を、この目で見たことがあります。

ちなみに南米は遠いですから、長期政権でないとおいそれとは行けません。こんな、涙と涙が繋ぐ交流も、安倍総理ならではなのです。

目撃したというと、以前、国連総会

2016年5月26日、G7首脳たちと伊勢神宮内宮で

の演説を終えた安倍総理が会場を出てくるのを待つ人たち、いわゆる「出待ち」の行列ができているのを見ました。その多くが、アフリカ諸国の人々だった。横浜で、ケニアのナイロビで、アフリカ開発の会議を開き、アフリカ各国指導者のすべてと会ったリーダーとしても、安倍総理は世界中で特筆される存在です。

第一種軍装で迎えた英海軍士官

２０１７年5月27日、総理はマルタ島を訪れた際のことを、自身のフェイスブックにこう綴っています。

「『大日本帝国海軍第二特務艦隊戦死者之墓』にお参りをいたしました。第一次世界大戦中、第二特務艦隊は、ここマルタを基地として、船団護送のため働きました。ちょうど百年前です。駆逐艦『榊《さかき》』が魚雷を受け大破、多数の乗員が命を落としました。お墓には、遺骨や、遺灰が納められています。万感の思いを込め、御霊の平安をお祈りしました。日本は、世界から信頼されていますと、申し上げました。日本はこれからも、国際協調に基づく、積極的平和主義を貫きます。墓前で、誓いました」

第一次大戦中、日英同盟の下、日本は海軍を地中海に差し向けました。そこで総理の書き込みにあるような、犠牲が出た。

わが艦隊の活躍はめざましく、１年半の作戦で実働は6割、３４８回を数えました。

世界に冠たる英海軍ですら実働は4割で、仏海軍に至っては2割に過ぎなかった。日本艦隊が護衛した連合国の船舶は述べ788隻、護送した人員は75万人に及び、各国から「地中海の守護神」と称えられたそうです。

ところが、大正10（1921）年に当時皇太子だった先帝陛下がご訪問になったのを最後として、以来幾星霜、日本の要路要人は、誰一人として訪れたことがありませんでした。それを安倍総理は、実行した。

着いてみると、予期しない驚きがありました。ロイヤル・ネイビーを代表するんだといって、第一種軍装に凛々《りり》しく身を包んだ英海軍士官が待っていた。総理が墓に向かって頭を下げると、折り目正しく、敬礼してくれたのです。

奇《く》しくも当日は、旧「海軍記念日」でした。私はまたしても、「遥けくも、来つるものかな」と感懐に浸ると同時に、泉下の将卒も、きっと報われただろうと思いました。

以下に収録するのは、豪州議会で総理が読み上げたスピーチです。

ここに出て来る地名、ココダ、サンダカンは、前者はニューギニア戦線で日豪両軍が激突した地、後者はボルネオ、当時の呼称でいうマラヤの地です。ここには、日本軍が捕えた英豪軍捕虜の収容所がありました。ところがそのサンダカン捕虜収容所から捕虜たちを別の場所へ移す途次、戦史に残るほどの甚だしい損耗＝死者を出すのです。そのせいで、今なお日本軍の残虐さを想起させる名、それがサンダカンでした。

思い出します。そんな事情を総理にご説明しようとして口を開きかけたら、驚きました。ココダについても、サンダカンについても、総理は先刻ご存知だった。そして、これら地名を原稿に盛り込む意味をすぐさま見抜いた総理は、該当部分を原稿冒頭にもってくるよう明確な指示を出したのです。演説は、日本の総理大臣が戦後初めて与えられた機会でした。それを、日豪和解の総仕上げにしたいと、総理は強く念じていた。最初から英語で読み上げるという決意を含め、翌年、米議会で実施することになる演説の、ゆくりなくも予習をするような形となりました。

２０１４年７月８日
豪州国会両院総会　豪州キャンベラ国会議事堂での安倍内閣総理大臣演説

トニー・アボット・オーストラリア首相、ブロンウィン・ビショップ下院議長、スティーブン・パリー上院議長、ビル・ショーテン野党党首、下院ならびに上院議員の皆様、私は、この催しが執り行われておりますまさしくその土地の、古来の持ち主である皆様、ならびにその過去と、今日の長老たちに、敬意を表したく存じます。

皆様、戦後を、それ以前の時代に対する痛切な反省とともに始めた日本人は、平和をひたぶるに、ただひたぶるに願って、今日まで歩んできました。20世紀の惨禍を、二度と繰り返させまい。日本が立てた戦後の誓いはいまに生き、今後も変わるところがなく、かつその点に、一切疑問の余地はありません。

このことを、私は豪州の立法府において威儀を正し、高らかに宣言するものです。

私たちの父や、祖父の時代に、ココダがあり、サンダカンがありました。

何人の、将来あるオーストラリアの若者が命を落としたか。生き残った人々が、戦後長く、苦痛の記憶を抱え、どれほど苦しんだか。

歴史の暴戻《ぼうれい》を前に、私は語るべき言葉をもちません。亡くなった、多くの御霊に対し、私はここに、日本国と、日本国民を代表し、心中からなる、哀悼の誠を捧げます。

あれは、1968年のことでした。一人の日本女性を皆さんが招いてくれたことに、私はいまも、心打たれるものを感じます。

83歳になる松尾まつ枝さんは、招きを受けてお国を訪れ、亡き息子を偲《しの》んで、シドニー湾に日本の酒を注ぎました。

第二次大戦中お国の攻撃を図り、湾に沈んだ小さな潜水艦に乗り組んだのが、松尾さんの子息でした。

その勇猛を長く記憶に留めた皆様は、勇士の母を日本から呼び寄せてくれたのです。なんたる、寛容でしょうか。

Hostility to Japan must go. It is better to hope than always to remember.（日本に対する敵意は、去るべきだ。常に記憶を呼び覚ますより、未来を期待するほうがよい）。

戦後、日本との関係を始める際、R・G・メンジーズ首相が語った言葉です。再び日本国と日本国民を代表し、申し上げます。皆さんが日本に対して差し伸べた寛容の精神と、友情に、心からなる、感謝の意を表します。

私たちは、皆さんの寛容と、過去の歴史を、決して忘れることはありません。メンジーズ首相は、戦後初めて、日本の首相をお国に迎えます。57年前のことでした。

通商協定が成立し、日本と豪州の、いまに続く繁栄の道が始まりました。結んだのは岸信介、私の祖父であります。

これがきっかけとなって、豪州の石炭が、鉄鉱石や、天然ガスが、日本に入ってきました。戦後日本産業の復興は、豪州という隣人を得て、初めて可能になりました。

祖父がお国の、メンジーズ首相と成し遂げたように、私はトニー・アボット首相と、真新しい礎を、新たに定めようとしています。

本日午後、私は、アボット首相と日豪EPAの調印に臨みます。

7年前、交渉が始まった時、本当にできると信じた方は、この議場にもそう多くないのではありませんか?

ここまでに漕ぎ着けた互いの努力を、しばし、讃《たた》え合おうではありませんか。

次はTPPです。RCEPです。そしてFTAAPです。豪州と、日本、どこまでも、一緒に歩んで参りましょう。

私たちには、できます。日本の大平正芳首相と、お国のマルコム・フレーザー首相が「環太平洋連帯構想は重要な長期的目標」だと述べたとき、APECの礎石は置かれたのでした。実に、34年以上前のことです。ビジョンはいつも、東経１３５度から生まれるのです!

広く、開放的で、自由な市場をつくることは、もちろん私たち自身のためでもあります。

私の成長戦略を支える大きな柱とは、経済と、社会を、もっとオープンにしていくことです。

皆様、いま私は、何十年変わらずにきた制度や、慣習の改革に取り組んでいます。

財政に規律を保ちつつ、生産性の上昇によって成長を目指すため、深く根を張った既得権や、しきたりを、私自身をドリルの刃として打ち破ろうとしています。農業で、エネルギー政策で、それから医療の分野で、数十年ぶりの改革が始まります。労働法制の面でも、古い慣行を打ち破る改革に着手しました。

女性が輝く社会にしたいと、一貫して強調しています。やる気と、能力に富む外国の若者たちにとって、日本とその社会は、希望の灯台でなくてはならないとも、言い続けてきました。

豪州とのEPAは、日本経済をオープンにしていくうえで、またとない触媒になります。TPPを進めるうえでも、大きな弾みになりました。

こうして経済の連携を深めた日本と豪州は、地域と、世界の秩序をつくり、平和を守っていくためにも、スクラムをラグビーのように組もうとしています。

本日は、いまや日豪が、歴史の試練に耐えたその信頼関係を、いよいよ安全保障における協力に活かしていくのだということを、豪州国民を代表する皆様を前に、厳《おごそ》かに、宣したいと思います。

豪州と日本は、新たな「特別な関係」へ、歴史的脱皮を遂げました。アボット首相と私は、つとに4月7日、東京でそのことを確かめ合いました。

本日私は、アボット首相と、防衛装備品及び技術の移転に関する協定に調印します。これは、私たちの歴史に「特別な関係」を刻む、まさに最初の一歩となるでしょう。

それればかりではありません。

こと安全保障に関し、日本は長らく内向きでした。しかし日本には、いまや一つの意思があります。世界の恒久平和を願う国、また世界有数の経済力をもつ国としてふさわしい貢献を、地域と、世界の平和を増すため行おうとする意思です。皆さん、まさしくその意思を実行に移す具体的行為として、日本は、豪州との関係強化を選択したのでした。

そうです。本日はあたかも、平和を愛し、自由と、民主主義を重んじて、人権と、法の支配を大切に思う両国が、新しい特別な関係に命を吹き込む日。いわばその誕生日です。皆様お一人、お一人にわたるだけの、超特大のケーキをもってくるべきでした。

日本とオーストラリアには、それぞれの同盟相手である米国とも力を合わせ、一緒にやれることがたくさんあります。

なるべくたくさんのことを諸外国と共同してできるように、日本は、安全保障の法的基盤を一新しようとしています。法の支配を守る秩序や、地域と世界の平和を、進んで作る一助となる国にしたい。そう思えばこそ、「積極的平和主義」のバナーを掲げています。

何をするにせよ、日本はこれからも、まずは東経１３５度上の隣人とやろうとするでしょう。「特別な関係」をこしらえたゆえんです。

太平洋からインド洋に及ぶ広大な海と、その空を、徹底的にオープンで、自由な場として育てるため、いっそう力を合わせましょう。

なにか主張をする際は法を遵守し、力や、威嚇《いかく》を用いない。紛争の解決は、すべからく平和な手段をもってする。

奉じる価値観において重なり合う日豪両国が手を取り合ってこそ、この当たり前のルールが、太平洋から、インド洋へと広がる、繁栄の海を覆う常識になるのだと信じて疑いません。

特別な関係の、生まれた日。スピーチを締めくくるには、大切な友人への感謝と、若者への訴えをもってするのがふさわしいでしょう。

敬愛する、議員の皆様、御覧ください、ニューサウスウェールズ消防庁の、ロバート・マクニールさんが、いまギャラリーにおいでです。お礼を申し上げます。

どうも有難うございました。

南三陸は、２０１１年３月１１日、日本の東北地方を襲った津波によって、最もひどい痛手を受けた街のひとつでした。

その南三陸に、マクニールさんは76人と2頭の犬からなるチームを率い、すぐ入ってくれました。そして日本人の消防士と協力されました。

「日本人の消防士たちが悲しんでいるとき、その悲しさを共有することができた。言葉の壁は、そこにはなかった」というマクニールさんが残した感想は、私たちの胸を、いつまでも温かい感情で包みます。

南三陸の惨状を前に、じっと立ち尽くして、唇を固く結んでくれたのが、当時の首相、ジュリア・ギラードさんでした。ギラード首相が発揮されたリーダーシップに、改めて、感謝申し上げます。

しかもこのことくらい、豪州と日本との関係とは、党派の垣根を越えたものだということを教えてくれる事実もないわけであります。

アンドリュー・サウスコットさん、マイケル・ダンビーさん、ギャリー・グレイさん、そしてもちろん、アンドリュー・ロブさん。

ほかにも大勢いる皆さんの名前を、全部はお呼びできないことをお許しください。皆さんが進めてこられた議員交流は、これからますます重要になると信じます。これまでの御尽力にお礼を申しますとともに、なお一層の御助力をお願いします。

日本とオーストラリアには、ＪＥＴ【語学指導等を行う外国青年招致事業】が築いた絆《きずな》があります。新コロンボ計画は、将来世代の指導者を、必ずや生み出してくれることでしょう。

東京は、そんな豪州の若い世代が、それぞれの物語を紡ぐ場所になります。日本という国自体が、豪州から訪れる若者を、大切な成員として、伸びていく国になります。

若者同士の交流が、互いを豊かに、強くし、伸ばしていく。日本と豪州は、そういう時代に入りました。議場の皆様。どうかお一人、お一人の選挙区で、安倍がこう言っていたとお伝えください。若者よ、日本を目指せと、そう言っていたと。

私も、同様にいたします。日本の若者に、豪州を目指せと言いましょう。

２０２０年、東京はもう一度、オリンピックとパラリンピックを開きます。

私は１９６４年の東京五輪を見て、ドーン・フレーザー選手の強さに目を奪われた一人でした。ギャラリーにいるフレーザーさん、あなたです、私にとって、オーストラリアとはまさしくあなたでした。おいでくださって有難うございます。

６年先、お国はどんな強い選手を送ってくれるでしょう。いまから楽しみです。

そしてドーンさん、あなたもぜひお元気で、２０２０年の東京に、もう一度お越しください。日本に新しい夜明け（ドーン）を、豪州と日本の未来にも、新しい夜明けを、どうぞもたらしてほしいと思います。御清聴ありがとうございました。

70年談話と保守主義の真髄

本書の締めくくりに、豪州、米国での演説をベースとして、そのうえに著《あらわ》された「戦後70年談話」について触れるとともに、安倍総理における歴史観がどんなものか、考えておきたいと思います。

周到に、用意された談話でした。兼原信克《かねはらのぶかつ》内閣官房副長官補が幹事となって歴史学者を集めた会議が何度ももたれ、大部の報告がなされました。２０１５年夏の談話発出に向かって、当代を代表する歴史家たちが何を論じたか、のちに1冊の本となって刊行されています。それ自体が貴重な歴史の記録となりました（21世紀構想懇談会編『戦後70年談話の論点』。後に英訳もされた。Toward the Abe Statement on the 70th Anniversary of the end of World War II: Lessons from the 20th century and a vision for the 21st century for Japan）。

研究会が終わるたび、兼原氏は総理の執務室に行って議論を紹介したというのですが、その都度予定の時間を大幅に超え、総理は毎回、なみなみならぬ関心を示したようです。

私自身、談話のドラフトをつくるお手伝いをすることになろうかと思い、いろいろな本を読み（古山高麗雄《ふるやまこまお》の作品を通じて、インパール作戦に関わる名著、丸山豊『月白の道』に出会ったりして）、アタマをこしらえつつありました。

けれどもできあがった談話は、正真正銘、文字通り、安倍総理自身の談話だったのです。実際には、安倍総理が、政務秘書官の今井尚哉氏、そのころ今井氏のサブ格だった佐伯《さいき》耕三氏（現秘書官）を巻き込んで、口述し、書き直し、また口述しといった数度のプロセスを経たのだと想像していますが、米議会での演説などと同様、これこそは徹頭徹尾、安倍総理が自身の考えを述べたものになっています。

第一読者の一人として読んだ私が最も心打たれたのは、次のくだりです。

「私たちは、心に留めなければなりません。戦後、６００万人を超える引揚者が、アジア太平洋の各地から無事帰還でき、日本再建の原動力となった事実を。中国に置き去りにされた３０００人近い日本人の子どもたちが、無事成長し、再び祖国の土を踏むことができた事実を。米国や英国、オランダ、豪州などの元捕虜の皆さんが、長年にわたり、日本を訪れ、互いの戦死者のために慰霊を続けてくれている事実を。戦争の苦痛を嘗《な》め尽くした中国人の皆さんや、日本軍によって耐え難い苦痛を受けた元捕虜の皆さんが、それほど寛容であるためには、どれほどの心の葛藤があり、いかほどの努力が必要であったか。そのことに、私たちは、思いを致さなければなりません。寛容の心によって、日本は、戦後、国際社会に復帰することができました。戦後70年のこの機にあたり、我が国は、和解のために力を尽くしてくださった、すべての国々、すべての方々に、心からの感謝の気持ちを表したいと思います」

先にお目にかけた豪州議会での演説にすでに、安倍総理流の、過去との向き合い方が出ていました。今さら、昔の日本人の行いについて、謝りはしない。けれども、戦後の日本が、かつて敵だった人、かつて日本軍の捕虜だった人、かつて日本が、多大の迷惑をかけた人、それら人々の寛容によって受け入れられたことに、深くこうべを垂れ、心からなる感謝の気持ちを示す、というものです。

この同じ気持ちが、「談話」では、残留孤児を育ててくれた中国人に向けられていたのです。中国の皆さん、置き去りにされた日本人の子どもを育ててくださって、ありがとうと、そう、心から言いたいという気持ちに、誰しも嘘《うそ》偽りはありません。それを総理は自分の言葉として、ここで述べました。

総理から一度、直話として聞いたことがあります。戦前、戦中、父祖たちがなした行いに、いったい今を生きる我々が、なんの資格あって謝ることができるというのか。父祖の行為をいつでも謝れると考えるのは、歴史に対する傲慢《ごうまん》である――と、正確な再現ではありませんが、そんな趣旨でした。

数十年も前の、父母や祖父母が感じた感情を、罪障感であれ、苦痛であれ、はたまた怒りであれ、私たちは同じように感じることなどできません。できると思うこと自体、想像力の欠如であり、確かに総理が言うように、今となっては想像すらできない因果の輻輳《ふくそう》に対する無神経です。にもかかわらず謝って見せたなら、それは直《ただ》ちに政治的行為となります。すぐさま誉《ほ》めてやろうと、相撲の行司よろしく待ち構えている人たちがいて、謝罪を口にした彼または彼女は、国内外の政治の世界で株を上げるからで、それを見越した行為となるからです。

謝罪は一種のカタルシスをもたらすことにも、注意が必要です。対象となった罪自体は、自分が手を汚したものではありませんから、彼、彼女における罪の意識は、あくまでも抽象的なものです。隠したい気持ちとの葛藤などは、強く意識されません。そこでの謝罪とは、結局のところおのれのナルシシズムを満足させる結果を生みます。「謝る行為は美しく、美しい行為を実行できる自分は美しい」というわけです。

安倍総理における潔癖は、謝罪によって自分の政治的株価を上げることも、内心の自己愛を満足させることも、いずれも決してよしとしません。これこそが、安倍総理が過去父祖たちの時代に起きたことに謝らない、いえ、謝るという行為をなし得ないと考えている理由なのです。安倍晋三という人の真実は、歴史に対するその謙虚さにある。まさにその意味において、安倍総理は、保守主義の真髄を身につけた人である。

私は、そう思います。

第5章

官邸4階からみた危機の宰相論

3月28日に見たところを初めにしるしておきたい。この日の観察を心覚えにしたものだから、時制が一部現在形になっている。同日の夕刻、総理官邸1階記者会見場の情景と、そこでの観察だ。

これを踏まえたうえで、4月7日の緊急事態発令に当たって総理が述べた言葉の意味を考えてみたい。

杉田副長官に疲労の色

午後6時、いつものようにまず長谷川榮一補佐官・広報官が入室し、向かって右脇、司会者の演台にとりつく。さすがにマスク着用だ。

次には佐伯耕三秘書官が小走りに入り、安倍晋三総理大臣が使う中央の演台に何かを置いた。紙にプリントアウトした原稿だ。

透明なアクリル板に文字が流れる「プロンプター」が、演台やや前、左右にある。総理は顔を上げてそちらに流れる方を読むから、紙に印刷したものは、機械が故障した万一の場合を考えての予備である。

原稿を置き終えた佐伯氏は一度廊下に出る。時を置かず、菅義偉官房長官を先頭に三副長官が国旗に一礼しつつ入室し、記者団の方を向いた席に、着座せず立って総理を待つ。

末席に立つのは杉田和博副長官。事務担当のこの人だけは、衆・参各院議員からなる他の二副長官と違って、この7年有半替わらない。クルマですぐ駆けつけられる場所の、官舎の一室に暮らす。気軽に外を出歩くことさえしない。リスクをおもんぱかってのことだ。海外はおろか東京を出たことさえ、7年余りの間一度や二度、あったかどうか。

修道士然とした暮らしを続けて、もう79歳を迎える。とくと眺めるに、疲れた様子だ。そうでなければむしろ不自然なくらいである。

以上名を挙げた人々に、この後すぐ総理の驥尾《きび》について入室した今井尚哉補佐官兼秘書官以下の秘書官たちを加えると、おおよそそれが官邸五階の主な住人になる。

私はというと、その一つ下の階から、彼らの在・不在を示して明滅する掲示板を文字通り見上げては、その激務を想像するのみだ。

総理は彼らを従え、このところ毎日各省事務次官たちを集めた情勢検討を続け、対応に滞《とどこお》りなきを期す。

急激な景況の悪化にどう応じるべきか、各産業代表者を集めたヒアリングも連日続いた。医学・疫学専門家たちに意見を聞く会議は最も重要だ。その合間に、総理は例えば防衛大学校卒業式に行っては、隊員を鼓舞する訓示を読んだ。

それればかりではない。総理には（同行する秘書官たちにも）、国会における務めがあった。

疫病禍《えきびょうか》の中、「森友問題」が再燃していた。文書改竄《かいざん》を認め、財務省が反省とともに再発防止の措置に出ることで一度完全に結着した一昨年夏の案件を、そのさらに前に書かれた遺書が出てきて迫真のものだからとて、問題を蒸し返し、総理の政治資本を少しでも減らそうとする野党の攻撃を、総理は長時間耐えなければならなかった。

今井尚哉という人

だから私は、――どう言おうが聞く耳のない人には届かないと知りつつも、一世紀に一度あるかないかの事態に直面し、気色《けしき》ばむでなく、平常心を失うでなく、病に倒れるなどはもちろんなくて、内閣を完全に掌握し、組織を高速度で回転させ続ける力をもった指導者をいただいていたことを、天の配剤と思う。

そうでなかったとしたら、頭にすぐ血を上らせ誰彼なく怒鳴りつける類《たぐい》の総理だったとしたら、どんなに恐ろしい事態になっていたか。

ついでにいうなら、私は今井氏の「世の中に、新しきことなし」と言わぬばかりに、しかめ面《つら》をつくって視線を落としたまま総理の話に聞き入る様子や、世間の反応を確かめようとするのかスマホの操作に忙しい佐伯氏の、常のとおりよく動く目玉など見ているうち、彼らの危機対処における「作風《さくふう》」(用語の党派的臭みはご勘弁を)が、総理の強い影響下にあることを想像する。

うろたえず、着実を旨《むね》とし、問題は解決されるためにこそ存するのだと信じる前向きさだ。

今井氏らを「官邸官僚」と新造語でくくり、専横をほしいままにしたがる輩《やから》とみる向きは「事情通」と自他とも認ずる人にすら少なくないから、この際付け加えておく。

私のみるところ、今井氏は、もし官邸のどこかで突然心臓が止まり、そのまま横死《おうし》したとしても、むしろ本望と思う、そういう人だ。

それは今井氏にとって殉職《じゅんしょく》だ。死ぬならそれくらいがいっそ有り難いと言うであろう下僚を、安倍総理は育てた。それも、一人や二人ではない。誰になるにせよポスト安倍の総理には、越え難いハードルだろう。

五輪延期の潔さ

総理のスピーチについて、上述の「作風」が表れていることを述べようとしていた。

佐伯氏が精魂傾けた原稿の内容、それを読み上げた総理の声音（ボリュームとトーン）とも、いまはうろたえる必要がないこと、しかし「密閉、密集、密接」を避けるにおいて着実であるべきことを訴えていた。

経済対策は前例のすべてを裏切る大規模のものとし、顧客の消滅にあえぐサービス業に集中した需要喚起策を講じるなどして、問題解決を図ると訴えた。

これらの点は、沈着、着実、前向きという、総理と秘書官たち、菅長官らが、七年貫いて不動だった姿勢をよく表すものだったと思う。

私の好みを言うなら、五輪の聖火を今度もう一度灯《とも》すとき、それはきっと、この禍のトンネルを抜け出す導きの火になるとした辺り、安倍総理と佐伯氏や今井氏ら（不《ふ》肖《しょう》この私も）が共有する、希望を重んじる心映えをよく表して、感興を与える章句だった。このくだりを読む総理の調子も、抑制の中に感情がこもり、よいものだった。

二週間に一度、国民の前に現れ情勢を説く総理は今回、質疑応答部分も含めて重要な点に触れた。

オリンピックとパラリンピックの延期を改めて報告し、懸命な努力を続ける選手ら各方面に、断りを述べたのがまずひとつ。

ただしこれは改めて仁義を切ったという話で、むしろ聞いていて、過剰な情緒が文章、読み方いずれにもなかったところが潔かった。

五輪は、1964（昭和39）年の情景を眼底に焼きつけて育った総理（や私）の世代には、特有の愛着を寄せてやまない対象ではある。

しかし早くから延期で心を決めていたことは、総理の言葉のはしばしにつとに窺えるところではあった。それに、一事案に拘泥《こうでい》し全体を見誤るようでは、指導者として危うい。

安倍総理は、そうでないことを、その淡々とした口調でよく示した。すなわち延期への言及は、その言及の仕振りにおいて、総理の経綸《けいりん》を知るよすがとすることができた。

このあたりの間合いが、総理の右筆《ゆうひつ》・佐伯氏の、もはや熟練といってよい腕前がよく出るところだ。

田中角栄を想起

五輪の延期は、かえすがえす残念な話ではある。だが総理の立場は、例えば森喜朗《よしろう》東京オリンピック・パラリンピック競技大会組織委員会会長のそれと比べたとして、当然だが違う。地球儀を俯瞰《ふかん》し、日本列島を鳥瞰《ちょうかん》する視座を保たなくてはならない。ゆえに五輪の一件に、強すぎる思い入れを示すべきではない。

佐伯氏はそこら、事柄の軽重をつける感覚において、総理と見事な同期を示す。いよいよもってそうだ。

二点目は、「実質無利子」の融資を中小・小規模企業や個人事業主に供す枠組みを、民間金融機関にもやってもらうと述べたところだ。

前回、二週間前の記者会見で、総理が「実質無利子、無担保、5年間元本据《す》え置き」

の融資制度を実施すると明らかにしたとき、私はとっさに田中角栄の事績を思い出した。山一證券救済が必要となった1965（昭和40）年、当時蔵相だった田中は、「無制限・無担保」で日銀特別融資を実施すると言って、日本興業銀行の中山素平《そへい》らを仰天させた。銀行家の語彙《ごい》に「無制限」などという言葉はあり得ないからだ。

今度は、日銀が自ら実行する「特融」ではない。市中銀行に実質無利子融資をさせようというのだから、泉下《せんか》の中山に、再び、もっと驚いてもらわなくてはならないところだ。

いまその声音がよみがえる。「さすがは政治家。僕ら銀行の人間には出てこない、ああいう発想はね」などと言うのではあるまいか。

ちなみに政治部記者たちは、この仕組みをどう実現させるか突っ込んで聞かない。利子差額補塡《ほてん》をどう図るか尋ねればよさそうなものを。

例えばその額がおよそいくらと聞き出したなら、銀行が普通に徴求する利子率で逆に割り込めば、融資の元本額が想定できた。こういうことをしないから、施策の重み、規模が明るみに出ない。

着目点をもう一つ挙げるなら、会場最後列にいたビデオニュース・ドットコムの神《じん》保《ぼう》哲生《てつお》氏が、最後に指名され、やや驚いたような表情で質問したその問いと、総理のそれへの答についてだ。

私も確認したのです

神保氏は、本来ならばＢＢＣやニューヨーク・タイムズあたりの記者が来て聞くべき質問を、代わりに聞いてやった形になった。

要約すると「感染者の数など、日本が発表する数字は信用できないのではないか」というものだ。

「日本はウソをついている」というこの話を持ち回り、例えば私の知友で在京英国人金融アナリストを辟易《へきえき》させているのは、某特定国の記者たちらしいが、同趣旨の話は米国に住む誰彼からもしばしば聞く。

それにしても、日本欺罔《ぎもう》説に始終接しているはずの外国プレス記者たちは、なぜ会見に来ないのか。出席には内外差別がなく、常と同様ベテラン同時通訳がいるのに、この日も見かけたのはよく見るアラブ人記者ほか、極めて少数だった。

そんな事情で、神保氏の問いは、記者なら聞いてしかるべき問いではあった。また、他国と二桁《けた》、三桁の差がつきつつある本邦死者数の少なさに偽計《ぎけい》を疑われたのでは、誰しも義憤に駆られようというものだ。

すると、総理はこう言った。

「死者の数、肺炎で亡くなっている方は、実はコロナではないかということをおっしゃる方はいるのですが、コロナウイルスの場合は専門家の先生たちが、これはみんな、私も確認したのです。

私も、これはそういう批判があるんだけれどもどうなんだろうかと。このPCR検査、これが少なくてという話で伺ったのですが、これは、肺炎で亡くなった方については、基本的に肺炎になって、最後はCTを必ず撮ります。

それで、CTにおいて、これは間質性《かんしっせい》肺炎の症状が出た方は必ずコロナを疑います。必ず。そういう方については、これは必ず大体、PCRをやっておられます。ですから、そこで間質性肺炎でない肺炎で、例えば細菌性等々の肺炎で亡くなられた方等について言えば、これはコロナではない。

ですから、コロナではなくて肺炎で亡くなったという方はコロナではないのだという説明を私は受けて、私は納得したところ」なのだと。

本当は武漢発のウイルスで死んだのに単なる肺炎として処理し、数字を小さく見せかけているのではないかと勘繰《かんぐ》る向きは、在京特派員の中に確かにある。総理は、その疑惑を解く答をズバリ言ってくれた。

使える権力はどこに

「間質性肺炎」という専門用語を総理はこともなげに用いた。始終耳にしてきたことが、それでわかる。

記者たちも、それがどんなものか理解してくれたことと期待したい。いずれにせよ、健全な好奇心を専門家にぶつけ、説得力ある答を総理自身引き出してくれていたと知ることは、聞く側を心丈夫にする。

ただし、医学専門用語がいきなり出てくると、中二階ブースの働き者たちを振り回す。いまはインターグループという会社が受注し請け負っている同時通訳者のことだ。

帰途、国会議事堂前駅から地下鉄に乗ろうとしたとき、その一人に遭遇した。車中教えてくれたところ、彼女の同僚が「インタースティシャル・ニュモウニア（interstitial pneumonia）」というのだととっさにメモをくれ、通訳中だったその人は事なきを得たのだそうだ。

ところで安倍総理の演説が物足りなかったという声を、ソーシャルメディアのあちこちに聞く。では、どうだったらよかったのか。

これは、日頃安倍総理が権力志向だとし、「権力は腐敗する、絶対的権力は絶対的に腐敗する」など手垢《てあか》まみれの常套句《じょうとうく》を口にしたがっておきながら、中国発の世界同時多発疫病禍（パンデミック）が起きるや、強権を振るってあれを止めろ、これを止めろ、フランスを見ろ、アメリカを見習えと、突然宗旨《しゅうし》替《が》えするのか強い権力を希求したがるのと、傾向において通底している。

日本における総理大臣は、愚昧《ぐまい》でないなら、ある事実に必ず気づいて一度は絶望したくなるだろう。

それは日本において権力が、「いかに役立たない、使えない」かの一事である。

戦時動員に必要だが、平時には眠らせておく類の法律は、「国防生産法」なるものがあるアメリカと違って、日本にはただの一つもない。

これがあると、いきなり自動車会社のGMに人工呼吸器を作れと命令できるなど、いろいろ便利なようだが、「万が一」の備えをさせないのが、日本の立法文化だ。

そもそもインフルエンザ禍を見越して民主党が作った特別措置法にある緊急事態法制を、拡大解釈して使えといったのは野党の方だった。安倍自民党は、そこに前例を作るまいとしてむしろ解釈の拡張に慎重、新しく、あえて時限立法にした。

なぜ霞が関は働くか

今回ばかりは与野党協力で新法を素早く通せたのは良かったけれど、旧法にしろ、新法にしろ、実行は都道府県知事に委《ゆだ》ねられ、施策の執行に実力の裏づけはない。小池百合子都知事らがいうとおり、「あくまでも要請ベース」で、実施を頼めるだけだ。

戦後の日本は、強権と名のつくものを、すべからく排除してきた。それを民主主義の達成だの、立憲主義の勝利だのという向きは、疫病禍を前になすすべなく政府が立ち止まりでもしたその暁《あかつき》、いっそのこと凱歌《がいか》をあげてほしい。

もともと慣習法でなく、なにごとも制定法でやりたがる法文化を受け継いできた日本には、まずやってみて、合法・違法は事後に裁判所の判示に委ねるという、英米流の融通がきかない。予算を含め、国会を通ったものでない限り、なにひとつ、見事になにひとつ実地に移せない。

だとすると、残るは、合意形成に向けた孜々《しし》たる努力しかない。

ひそかに思うに、なければないにこしたことのない「緊急事態宣言」を本当に出さなくてはならない場合を見越し、総理が自身の言葉で国民に向かって事情を説明し、協力を請う場を、二週間に一度ずつくらいもつべきだと、総理や今井氏、菅長官らは考えたのではあるまいか。

使える強制力などなきに等しい以上、すがるべきは、ひとえに国民の協力である。だったらなるべく頻繁に、総理が国民に説明するほか、頼める手立てはないではないか。

説明するには、語るべき中身が必要になる。それを安倍官邸は、前述したとおり、毎日開く会議によって作り上げてきた。ここにも、強制でなく、説得で動く仕組みがある。

この場合は、官邸と霞が関各省庁との関係だ。

人事権を一元化し、役人を、恐怖で動かそうとしたがるのだそうである、安倍官邸は。かかる説をなしたがる人は、すべての役所で、なぜこんなに役人たちが奮闘できるかを自問してみてもらいたい。

公僕としての誇りが、彼らには消えないで根づいていた。かてて加えて、彼らの誰よりも怠けず、働き続ける人たちが、官邸5階にいると知ればこそ、しかも着実、沈着、前向きをもって営々《えいえい》働いて、7年をゆうに超すと知ればこそ、いま霞が関はフル稼働していると、私は思う。

4月7日、午後7時定刻

と、以上に書きつけたのが、3月28日夜の観察である。

省《かえり》みて思うに、このときもう、正確に10日後の4月7日には緊急事態を宣することになるだろうと、総理らは思っていたのではあるまいか。

というのも当夜、総理は「緊急経済対策の策定と、その実行のための補正予算の編成を〔中略〕、今後10日程度のうちに取りまとめ」ると明言し、その通りになったからだ。

4月7日の午後7時定刻、安倍総理は記者会見に現れた。

先立つ三度、二週間おきに開いた会見は、総理官邸1階の常設プレスルームを用いた。今回は2階大ホールが会場だ。外国賓客を栄誉礼で迎える際にも使う同ホール、通称「桜の間」の絨毯《じゅうたん》には、見事な桜の刺繍《ししゅう》がある。もちろん折柄の時節とは無縁、飛沫《ひまつ》感染を避けるため間隔広く参加者を座らせるには、この広間しかなかった。それだけのことだ。

総理はマスク姿のまま入場し、目の前を足早に通り過ぎた。ちらと見た両の眼《まなこ》からしか表情は読み取れなかったけれども、未だかつて覚えのない光をそこに見て、息をのんだ。

緊張か。決意か。表れていたのはいずれでもあっただろう。

いましも述べようとしている記者会見の「冒頭発言」は、安倍総理がそれまでに実施した、またこの先行うだろうどのスピーチと比べても、否、戦後の総理大臣が述べたどんな演説と比べてさえ、内容の重みにおいて、比較を絶するものとなるに違いなかったからだ。

演説の白眉

東京や大阪で、人の動きを止めることは、日本経済をほとんど丸ごと止めるにも等しい。

新日本製鐵（当時）が本社にシャッターを下ろしたと大ニュースになったのは、1

985年9月の「プラザ合意」を受け、一気に円高が進んだ時だった。そんな光景が、牧歌的《ぼっかてき》に見える。食うや食わずで暮らす無数の男女に加わる苦痛たるや、想像を絶する。そんな事態を、総理はあえて招こうという。

演説で総理は、緊急事態の宣言を告げた。人間同士の交わりを、二割まで落としてくれと訴えた。経済の落ち込みを「戦後最大の危機」だと認めたうえ、108兆円、本邦GDPに対し二割相当という、空前の規模に及ぶ経済対策を打ち出した。

新聞記事ふうに書けばそれに尽きる。けれども演説の白眉《はくび》は、終盤、曲想に喩《たと》えるなら控えめな長調に転じるところからだった。かつ毎度のこととはいえ、そこに分析の筆を及ぼした記事をついぞ見ていない。

「全く先が見えない大きな不安の中でも、希望は確実に生まれています」と、安倍総理は、声にごくわずか明るい調子を加えて語り始めた。

そこから結末までの段落は、あえてそのまま引用しておきたい。

「看護協会は、5万人を超える、現在、現場を離れている看護師の皆さんに協力を呼びかけています。

私からもぜひお願いをしたい。この国家的な危機に当たり、ウイルスとの闘いに皆さんのお力をお借りしたいと思います。実際、看護協会の呼びかけに応じ、すでに、命を救うため、命を守るため、医療現場への復帰を申し出てくださっている方々がいらっしゃいます。

あらゆる分野でこの危機にできる限りのことをやろうと、全国で立ち上がってくださっている皆さんがいる。これこそが希望であります。

九年前、私たちはあの東日本大震災を経験しました。たくさんの人たちがかけがえのない命を失い、傷つき、愛する人を失いました。

つらく、困難な日々の中で、私たちに希望をもたらしたもの、それは人と人の絆《きずな》、日本中から寄せられた助け合いの心でありました。

今また私たちは大きな困難に直面しています。しかし、私たちはみんなで共に力を合わせれば、再び希望をもって前に進んでいくことができる。ウイルスとの闘いに打ち勝ち、この緊急事態という試練も必ずや乗り越えることができる。そう確信しています」（引用了）。

リアリストと「希望」

演説大団円で「希望」の力を訴えたこの辺り、安倍総理は自身、繰り返し推敲《すいこう》の筆を入れたと仄聞《そくぶん》した。

当日は、午後3時から40分ほど入念な予行演習をした。本番では、引用のくだりに、総理は自ら持ち合わせる最も低く、深いトーンの声を用いた。「9年前」と語り始め、意識して一拍間《いっぱく》を置いた。

国民の心に届けと腐心した跡はあまりに明らかで、総理の発言が終わるや、気のせいばかりではなかっただろう、一瞬、記者席からさえ、拍手が起きそうな気配が漂《ただよ》った。

演説が帯びた意味合いを、二点、読み取ることができる。

一点目。「希望」とは、安倍総理の施政を貫いて最も大切な二文字だということだ。経済政策に始まり、教育から国防に至るまで、すべての政策は安倍総理において、未来に希望を作り出すためにある。

性格的に甘いとか、センチメンタリストだからそうなのではない。事実はその反対だ。

未来への希望があって初めて、ひとは家庭を築き、より積極的に、子や孫を残そうとする。22世紀まで生きるだろうこどもたちは、学んで伸びる意欲をもてる。経営者は、リスクを取って国内に投資し、人づくりをして、イノベーションに自らを駆り立てようとするだろう。

それらがよい循環を起こして回るなら、日本は人口が減っても成長を望むことができる。逆に、希望を抱けず成長を諦めざるを得ないようなら、自衛隊や警察、教師や科学者にきちんと酬《むく》いることができない、弱い日本になる。

すべて、希望あっての物種《ものだね》だ。

安倍総理が東京オリンピック、パラリンピックの招致に全力を注ぎ、その成就《じょうじゅ》を心から喜んだのも、しょせんは一過性に終わる公共投資や関連需要だけを当て込んでのことだったのでは、もとよりない。若い人たちが未来に希望を託せる具体的目標を、五輪やパラリンピックは与えてくれると思えばこそだった。

希望のないところ、持続的成長はなく、国力の増強は図れない。日本を率いる指導者であって、自国とその周辺を冷徹に見る現実主義者ならば、当然にもそう思うべきである。

安倍総理はまさしく右の意味におけるリアリストとして、先々に希望を抱ける何かを作ることを、自身の使命としてきた。付言しておくと、総理にとって後世の歴史家に記憶してほしい一点は、ここに尽きる。多くの国民が希望を抱ける国にして去ることができるなら、それに優る達成はないと思っているに違いない。

二点目。強制力を伴う都市封鎖など望んだところでできない日本にとって、国民一人ひとりに自発的行動（この場合「行動の抑制」）を促《うなが》さない限り、パンデミックに勝つことは及びもつかない。今度の演説に総理が国民の心に届けと精魂込めたゆえん、込めざるを得なかった理由は、またしても、そこにあった。

的外れな経済対策批判

総理が発表した108兆円、本邦GDPに対し二割という額の経済対策に対し、早速批判が相次いだ。

財政出動の実質額（「真水」）は過小であって、見かけを大きくしているだけなのだという。この批判は当たらない。

108兆円相当の事業が実現し、同額の需要が日本経済に加わったとする。本稿執筆時点の相場にして9933億ドル余りに当たり、それはオランダ一国が一年で稼ぐ額（名目GDPでみて）を上回る。

ノルウェー、デンマーク、フィンランド三国がいきなり新たに出現するのと、そんなに違わない。

こうした規模のセンスが、批判者にはどれほど備わっているだろう。

真水がどれだけ出せるか見当をつけるには、日本の予算についておよその姿を知っておく必要もある。

そもそも一般会計歳出額が合計で102兆6000億円（令和2年度）と、今度の経済対策より小さい。

かつその実に73%（同）は、社会保障関係費、利払いなどの国債費、地方交付税交付金に消える。

真水が少ないと難じる論者のどれだけが、文教予算も科学振興も、もちろん防衛関係費も、残り27％の中でやりくりしている現状を知っているだろう。

国と地方の財政から新たに支出する真水額は27兆円と少ないようだが、消費税で集める金額は21兆７０００億円強である。その分を上回るだけ民間主体に戻すことになる。

固定資産税を半額またはゼロにしてくれるのも大きい。客足が途絶えて苦労する旅館やホテルにとっては干天《かんてん》の慈雨《じう》となること必定だ。

事業家は無利子融資を3年受けられ、5年は元本返済の必要がない。当座をしのいだら、パンデミック終息後を見越してこの資金で攻勢に出ようと考える経営者は少なくないのではないか。

私はこれら大型の項目を含むパッケージが財務省、経産省、農林水産省といった経済官庁だけでなく文科省や外務省に至るまで総動員でつくられ、担当する役所が支出項目ごとに割り振られているさまをみて、先に触れたとおり安倍政権が霞が関との間に築いてきた信頼をみる。

併せて、自らリーマン危機の際に政権にあり、当時打った経済対策が小さすぎ、効果が出るのも遅すぎたことを知悉《ちしつ》する麻生太郎財務大臣が、さぞ財務省にハッパをかけただろうとも思う。

7年有半、蓄え、磨いてきた安倍総理の指導力は、まるでこの日に備えてきたかのようにさえ見える。武漢に発したウイルスが、力を試す最大の試練となるとは、よもや安倍総理も思いもしなかっただろうが。

と、以上を記して入稿の直前、緊急事態宣布の対象範囲が、ついに全国へ及んだ(2020年4月16日)。人々の生活苦も、日本全土に広がる。連れて現金給付の救済策は、全国一律に及ぶようだ。

いまは、毎朝仏壇に手を合わせる総理にならって、一人でも多くの人の命と暮らしが守られんことを祈りつつ、ひとまず筆を擱《お》きたい。

第6章 安倍総理における孤独と達成

総理大臣は孤独だという。

「どす黒いほどの孤独」に耐えるのが総理の宿命だと、その辛さを表現した元総理もいた。

とはいえ就任2日後の首相が、殊勝にも、孤独を感じなどしない。3年もたずに退く人にも難事だろう。

政権を3年続けるのは、総理として力を揮《ふる》ううえで必須条件である。予算は2年目にやっと自分の意向を少しは反映させたものにでき、その執行は3年目。見届けられた辺りで自信がつき始める。

その間に、各省局長以上の幹部人事がほぼ一巡する。この人はどうやらまだ当分総理でいそうだとなって初めて、次官らの顔色が変わる。

参議院議員選挙や、統一地方選挙が間に挟まる。勝って勢いをつけないと与党が離反する。政権に確かな揚力を与える解散総選挙など、思うも烏滸《おこ》の沙汰ということになる。

とこうするうち、永田町との関係が深い財務、経産、外務など目端の利く役所から順に、幹部らが総理の力を認め始める。それは総理の指導力を増す一方、やがて、孤独の何たるかに総理は気づきだすだろう。

子どもではあるまいし、一人ぼっちで寂しいという意味での孤独ではない。次のような場合、折節に感じる類のものではないか。

　道のりの遠さ、ゴールまでの果てしのなさに気づく時、自分に残ったスタミナを省みて総理は一人自らを励ますだろうが、それは自分一個との対話、己れ自身への叱咤《しった》となる。例えばそんな時だ。

　動かせるレバー、使えるツールのうち、総理一人が恣意でどうにかできるものなど無きに等しい。

　そこを身に染みて感じる時だ。

　重要な課題になればなるほど立法過程が必要だ。無論、何をするにも予算の裏づけがなくてはならない。

　逆手にとれるのを知る野党は、重要法案の審議が進まぬよう、モリ、カケ、サクラと何でも動員して妨害する。国会という衆人環視下の我慢に次ぐ我慢は、やがて総理の身体を蝕《むしば》むかもしれないが、野党や一部メディアはそこも計算ずくだ。

　安倍総理のもと、憲法改正は、制度の壁に阻《はば》まれ遂に叶わなかった。

　憲法を改めるには、衆参両院で3分の2以上の賛成を得たのち、国民投票にかけ多数を得てようやくできるのだと、われわれは学校教育で習った。

　それだけでも「禁止的に」難しいだろうと思ったものだ。

　十分知られていない・よって安倍総理の苦労に察しがいかない理由が別にある。そもそも誰が憲法改正を発議し、改正プロセスを始めるかを法律に書き込む経緯のなか、国会法に、「憲法審査会」の設置が定められたこと、「憲法改正原案、日本国憲法に係る改正の発議」は、そこで審査する定めとなったことだ。

憲法改正を阻んだ壁

衆院が常設する憲法審査会のメンバーは計50人。自民党代議士が29、公明党3、とそこまでが与党で、ほかに立憲民主・国民・社保・無所属フォーラムが14、維新ほかで2、共産も2人いる。

参院が設けた同審査会は定員45。うち自民党は21、公明が5。ここに野党サイドから加わった議員は、白眞勲、福島みずほ、福山哲郎といった「有名どころ」だ。

衆参どちらの憲法審査会でも、与党は過半を占める。とはいえここでの議論がやがて本会議で3分の2の多数を得て最後に国民投票で過半数を得られるか否かに直結すると思われるだけに、野党の抵抗を多数で押し切ることは想定されていない。

だとすると、福島、福山氏らにしてみれば、憲法に自衛隊の正統性を書き込む安倍総理の改正案を潰すのは、朝飯前であろう。審査会自体を開かせず、開いてもさぼればいい。

安倍総理は行政府の長として、立法府への介入を厳に避けた。事態が動かないのは憲法審査会に属する誰彼の意図的懈怠《けだい》のせいだなどと不平を述べたとして、それがたとい真実だったのだとしても、侮辱だ、責任転嫁だと騒ぎになるのは目に見えていたから、安倍総理は誰かを名指しで批判したりもしなかった。

結果は周知の通りだ。総理が政治を志して以来の悲願とし、宿願ともした憲法改正プロセスは、ぴくりとも動かなかった。

明治以来最長の政権を手にした安倍総理にして、これだ。すべからく、窮屈さ、過酷さ、事態を動かすことの困難さを、総理は骨身に染みて知らざるを得なかった。

自分の周りを取り囲むのが高い壁、開かない扉だらけであるかに思うこと、総理にしてみれば度々だったのではないかと想像する。

いわゆる権力を手にするとは皮肉にも、できないこと、動かせないものがいかに多いかを悟ることなのだと思い知るその実感を、総理は誰とも分かち持つことができない。

できたとしたら、それは今井尚哉《たかや》補佐官兼秘書官だっただろう。そう推定できる根拠を示すこともできるけれど、いまは措《お》き、総理の心中のみを想像して以下を続ける。

こんなこともあったかと思う。

記録破りの台風が襲来し、豪雨で家を奪われる人が続出するなど天変地異のニュースは、匹夫《ひっぷ》のわれわれにとって遂には他人事《ひとごと》だ。自分の身に襲いかからない限りは。

なりたての総理にとっても同様だろう。しかし非常対策のため招集する会議でくだす指示一片一片のその先に、自衛隊、警察、消防、救急など何千何万という人の働きがあることを、総理は次第に強く自覚する。

「民草」の痛みを、自らのそれとして受け取る感受性が、日増しに育つのではないか。この感性、視座は、政治や行政の衝《しょう》に当たる他の誰にも共有できるものではない。

以上に述べた総理における心裡の機制は、3年、4年と、一つ坂を越え、また坂を一つ越えて、休まず登り続ける人であればあるほど、時とともに強まるに違いない。その間に見えたと思った高峰は、ほどなく雲に覆われる。足を止めるとその刹那、目指すべき峰が見えなくなる。

これが、私の見るところ「総理の孤独」といわれるものの実相だ。

総理における孤独とは、地位に自動的に付随するものではない。力をつけた総理にのみ訪れる皮肉な報奨である。力をつけるとはまた力の限界を知ることなのだから、孤独とは無力の自覚、その別名だ。

教科書の定義に従うなら、自分の意思通り他人を動かす力を権力という。けれども実際には、法、予算、政治の力学で十重二十重《とえはたえ》に縛られ、意のまま権力を揮えなどしない。

このことを知る指導者を国外において見分ける点、安倍晋三氏は長けていた。オマエもそうか、オレもだと、無言のうちお互い察し合う関係を作るにおいて、秀でていた。

中国や北朝鮮のごとき独裁国家にしても、「上御一人」が、意のまま何でもできるわけではない。指導者には彼らなりの制約があるだろう。

実は貧しい予算の実態

まずはその点を、安倍総理は理解、尊重したうえで対応した。どれだけのひとが気づいただろうか。北朝鮮が犯した拉致という国家犯罪を憤るにおいて人後に落ちず、拡張意欲を露わにし、人権をないがしろにする中国の体制を誰より警戒した安倍総理は、それでいて、どちらの国の指導者に対しても、一度として悪しざまに罵ったことはない。言葉遣いは徹頭徹尾丁寧だった。

次元の違いはあるにせよ、権力を手にして初めてその制約を知るという逆説を、習近平氏といえども感じているだろうと安倍総理は考えた。

世上いわゆる難物とされる指導者と安倍総理がなぜ深い関係を、それも短時日のうち築くか、築き得たか。このこと――他者が抱える問題を共感、想像する力を安倍総理はもっていたということ――が、そこをいくらか説明できるに違いない。

とりわけドナルド・トランプ、ウラジーミル・プーチン、トルコのエルドアンやフィリピンのドゥテルテといった首脳のことが想起される。彼らは一様に、それがゆえに安倍総理と友情を培い、信頼を育てた。

で、結果はいかほどだったのかと皮肉屋は冷笑するだろうか。その逆なら、つまり疎《うと》まれ嫌われ不信を抱かれて、何事かなしとげられるとでもいうのか問うてみたいものだ。

大局をつかむ力、物事を俯瞰する眼が指導者には必要だという。これにしたところで総理に就任し直ちに身につく能力ではなく、時とともに自ら育てていくものだ。やがて高空を飛ぶ鳥の眼を体得したとする。その視座・視力がまた容易に他と分かち合えないものゆえに、総理を孤高にする。

総理の仕事とは、懸命に取り組み究めれば究めるほど、総理を孤絶させる、そういう類のものなのだと、安倍総理を見ていて私は思った。

これから少しアベノミクスの達成を振り返ろうとしているが、あくまでも総理に見えただろう景色を想像しいしい、試みてみることにする。

日本の予算は小さくない。２０２０年度当初予算の歳出総額は、１０２兆６５８０億円。

同じ額を一国経済の規模とする国があったとすると、世界のＧＤＰランキングでは17位に相当し、オランダ、サウジアラビア、トルコなど中堅国より上位に来る。

ところがその内実をみるに、本邦予算の実態はむしろ貧しい。国債償還、利払いで22・7％、地方交付税交付金が15・4％、社会保障費は大きく、34・9％。

このどれひとつ、自由な政策目的に使えない。「固定費」と化した右の三費目を合計すると、それだけで歳出全体の73％に達する。

政権がいくらか自由にできる変動部分は、残りの27％でしかない。防衛はもとより、教育、科学技術振興やODAは、すべてこの、限られた2割7分の中での話になる。尖閣周辺への侵入をやめない中国に立ち向かおうと、海上保安庁の巡視船を大型化しつつある。大切なことだが、一気呵成になどできない。

自信を増したか最近は言わなくなったけれど、一時期までの中国は、日本が軍事大国化するのどうのと言いたがった。笑止千万で、日本は防衛費にしろ何費にしろ、右に示した2割7分の中でしか増やせない。

ここからは、成長につながるなら何でも試みる覚悟が生まれた。「2割7分」の比率が動かないなら、パイ自体を大きくするしかないからだ。

女性の登用を促したことが、それだった。京都の町が外国人であふれかえるのを、許しもした。

「キャッシュレス決済」を促したのは、生産性の低さが目立つ小規模商店、サービス業の決済端末を更新させ、連れて「ＩＴ」化を加速させようとしたればこそだった。

法案にし、国会を通せる機会は年に二度しかない。経済的に筋が通り、政権の力を維持強化できるアイデアを求めるにおいて、総理に仕える今井氏は貪欲だっただろう。

同氏は経産省のエースだったから、世間は「経産省支配」だと呼びたがった。が思うに、税財政というマクロの絵を見るのが主務の財務省に、そうそう出せる妙案はない。新機軸を種々出せるとしたらそれは経産省で、自ずと同省が重用された。

今井氏がどうのと属（俗）人的解釈をするよりも、安倍政権が成長のプランを渇望した証として解釈すべき現象だった。そもそも「何支配」ならよかったのか。往年の「大蔵省支配」が、役人支配と同義だったことを知らないわけでもあるまいに。

「社会保障給付費」というくくりで物事を見ると、総理が見た課題の本質がより浮き彫りになる。

年金が56・9兆円、医療が39・6兆円、子育てから介護までその他福祉が27・2兆円。合計123・7兆円（昨年度予算ベース）。この金額のことをいう。毎年国民は、これだけ給付を受けている。

「希望」のマネジメント

給付は、裏側で介護サービスなど需要を生むから、砂に滲み込むように消えてしまうカネではない。もともと多くは本人と事業主が払う保険料が賄っている。しかし老人医療費の増大に連れ国などの公費が担う額は年々漸増、いまや4割を超えた。「123・7兆円」とはどれほどの大きさか。本年3月末相場でドルに直し各国軍事予算と比較してみると、米国のそれを優に上回る。

どころか、軍事支出が多い五大国、米国、中国、インド、ロシア、サウジアラビアの軍事予算を足し合わせた合計額に、わずかに及ばないくらい。それほど巨大だ。

安倍政権は、消費税を10%に上げる機をとらえ、増える税収の相当額を子育てコストの軽減に向けた。

就学前保育をタダにしたし、高等教育のコストも必要に応じゼロにしたのは、政権における意思の明確な表れだった。福祉支出が高齢者に偏重した状態を徐々にせよ改め、若い世代、子育て世代に振り向けていくことは、長距離砲を撃てる長期政権にしか、打ち出せない政策だった。

せめて教育経費を減らし、子どもを産み、育てるコストを下げる。それが誘引となって、家族をもうけ、子どもを育てようとする人が少しでも増えるとよい。これが動機の第一、つまり人口政策の一環だった。

第二は、「希望」のマネジメントである。政策の重心、出費の過半が高齢者に向かい、なかんずくその医療費の負担に向くようでは、若い世代は未来に希望を見出しにくい。

自分や、家族の将来に投資しようとする意欲が萎える。とすればこれは、人口を増やさず、むしろ減らすうえ、人的資源の劣化につながる。生産性は、一向に伸びなくなる。

アベノミクスは、当初こそ短期刺激策であり景気浮揚策だった。しかしその改訂版「新・三本の矢」を打ち出した2015年9月、「希望出生率」を1・4から1・8に押し上げると宣した時点を境に、日本経済の真の構造改革へと舵を切り直した。日本経済を停滞させる既得権益層とは、高齢者である。つまり「いまのあなた」でないのなら、「明日のあなたであり、私」なのだと見定めたうえで、新たな支援策の重心を若年層に振り向ける選択をした。

これこそは、右に見てきた予算の制約、成長を阻む要因を最も鳥瞰的につかんだうえ、世代間衡平を図ろうとした勇気ある決定だった。事柄の性質からして、もちろん未完である。しかし世代を継ぎ進むべき方向を、安倍政権は明確に示した。

史上最大の構造改革

惜しまれるのは、「史上最大の構造改革」なのだと言って、正面突破し切れなかったことだ。そのせいで経済評論家たちにはいまなお、「構造改革が手つかずだった。既得権益に踏み込まなかった」など、お門違いの批判が絶えない。

やむを得ないことではあった。高齢者に対し、あなた方こそ成長の阻害要因だ、最大の既得権益層だといって彼らを敵に回すことなど、民主的手続きで選ばれる者なら憚《はばか》る。

受け取って当たり前、出すのが当然とされてきた社会保障のあり方を変えることを「社会契約の書き換え」と称する場合がある。

ソーシャル・コントラクトを変えるとは、独裁ならぬ民主政治にとって最大の難関だ。当てにし生きてきた世代を失望させ、向後数十年続く約束をし直そうという以上、政権にはよほどの安定と、信頼が要る。

安倍政権はまさしくこれに着手した。日本経済にとって真の、最大の構造改革を実行しようとしていたのだと、繰り返し言いたいゆえんだ。

選挙を踏まえた調査が教えるところ、有権者には45歳前後を境として、その上下で違いがあった。

そこから年齢が上へ行くほど、安倍政権を嫌う人が増えた。官邸周辺で政権打倒を叫んだ人々の多くは、目だって高齢者だった。

45歳から若い方へ行くと、顕著に安倍支持層が増えた。米国でバーニー・サンダーズ、英国でジェレミー・コービンと、相当の爺さん政治家が若者の支持、現体制への批判票を集めたのに似た現象は、日本では起きなかった。

それもそのはずで、中国発の疫病が来る前の日本では、就職希望の大学生100人のうち、98人が初志貫徹＝採用という、絶えて見られなかった状況が現出していた。

私は、就職市場における空前の安定に加え、安倍政権の社会政策が若者へ、女性へと重心を移したことを、若年層は好感したと解釈する。安倍政権が社会契約の書き換えに乗り出し、将来を担う世代に施策の重点を移そうとしていることを、好意をもって見ていたのだと思いたい。

話を聞きたいと外国の投資家がやってくる時など、しばしば私は、日本には「三つのC」が必要で、安倍総理はまさしくそれを提供しているのだと強調した（英訳が同じく三Cとなる「三密」とは無縁、念のため）。

日本の抱える問題は、少子高齢化にしろ、停滞したままの生産性にしろ、どれにも即効薬はない。

こんな時は、総理が自ら懸命に働き、コミット（自ら関与）し続けている姿を、国内外に見せるのがまず肝心になる。一つ目のCは、「コミットメント」のCだった。

あとの二つは、始めたからにはぶれないという「コンシステンシー（一貫性）」と、やり続けること、つまり「コンティニュイティ（継続性）」だ。

気づけば保育施設の待機児童は、その数を劇的に減らした。

政策が効果を上げる経路がもっと見えにくい分野でいうと、「子どもの貧困率」は、一般に信じられているのとは反対に、2012年（民主党の野田佳彦政権時）の16・3%をピークとし、そこから改善した。

2018年につけた13・5%という数字は、同じ基準で遡れる過去の例で1997年ごろの水準と同じ。「格差」は拡大せず、アベノミクス下でむしろ縮小した。

こんな数字もある。東京都の調査だ。安倍総理が復活した直後の2013年1月、東京には、2006人の路上生活者が認められた。

6年後、2019年の1月、その数は1126人に減っていた。アベノミクスは、どんな経路を辿ったかはいざ知らず、ホームレスの人たちを労働市場に引き戻したようだ。

岸信介の足跡を想起

安倍総理は、折に触れ、偉大な祖父・岸信介の足跡を想起し、あるいは意識してきたと思う。私自身、そんな場面を目撃することがあった。

外交と安保については言うをまたないが、安倍総理が意外によく思いを至らせていたのは、岸の経済における治績である。

例えば「所得倍増論」。岸の後を継いだ池田勇人の金看板ではある。けれども、「10年で国民所得を倍にする計画を立てろ」と、いち早く1959年の11月経済審議会に諮問したのは、この時総理だった岸だ。

後に安倍総理がアフリカ政策の文脈で打ち出すこととなる「ユニバーサル・ヘルス・カバレッジ」、すなわち万人に医療を保障する政策は、わが国において国民健康保険法の改正公布によって、国民皆保険として実現した。それが、岸政権下の1958年だ。翌59年には、国民皆年金をもたらす法律（国民年金法）も、岸は成立にこぎつけた。

「最低賃金法をつくったのも祖父」だったと、安倍総理はこんな話になるとよく付け加える。事実岸は国民年金法公布の前日、最低賃金法を公布させた（いずれも59年4月）。

果たして経済政策において自分は祖父の域に達したか、あるいは凌駕できたかと、折節自問した様子がわかる。総理大臣として大きな足跡を残した祖父をもつ安倍総理にはこのように、自問の機会が度々訪れたに違いない。またもや余人に窺い知れない、総理内心の劇だ。

後世の経済史家は必ずや、安倍政権下で農協が役割を激変させたこと、電力流通の寡占が破れたことや、観光が一気に外貨を稼ぐ産業となったところに目をとめるだろう。

それと同時に、総理言うところの「永遠の盟友」、麻生太郎副総理兼財務相が、法人税減税と引き換えに、企業に前向きなカネを使わせるようあの手この手を繰り出したことにも着目するに違いない。「コーポレート・ガバナンス」は変わった。内部昇進重役たちの勝手気ままは、もはや全く許されない。

それでも、企業の変化は遅い。何の果実も生まない巨額の現預金が、企業の資産台帳から消えない。経営者は、その創造的な使い道を発想できなかった。アベノミクスにとって、これこそが最大の障害だった。

地球儀を俯瞰したワケ

安倍総理の経済政策における何にもまして大きな業績とは、豪州のマルコム・ターンブル前首相が絶賛を惜しまないことから分かる通り、米国の退場で一度は命運の尽きた「環太平洋パートナーシップ協定（ＴＰＰ）」を生き返らせ、「ＴＰＰイレブン」として成立させたこと。

その力を頼った欧州との間では、先進国・地域間で最大規模となる経済連携協定（ＥＰＡ）を、その政治文書とともに成立させたことだ。

政治文書の方を「戦略的パートナーシップ協定（ＳＰＡ）」という。

自由を尊び、民主主義を重んじる国同士こそが未来を築き、秩序をつくるのだと、それはそれは、高らかに宣したもので、この時安倍総理は、世界の大宰相の地位を得た。

　そんな総理を戴くわたしたちは、自由と民主主義の旗手という国柄、国家の信認を得た。私は、明治以来数知れぬ先人たちが望んで得ることができなかった称賛を、安倍総理こそは、日本にもたらしたと信じて疑わない。私は、総理なら、吉田松陰の墓前で佇立し、静かに瞑目、「日本はここまで来ました」と報告したいのではないかと想像している。

「三つのC」を弛まず心がける者にのみ、可能な業績だった。

　日本の明日を拓く世代が存分に活躍できる環境をつくろうと、安倍総理はそればかりを心がけてきた。子育て支援、待機児童の解消、女性への励まし、そして太平洋、ユーラシア大陸をまたがる二大アーチの架橋がみな、その一点で通貫していることを読み取ってほしいと思う。

　7年8カ月というもの、世界は稀にみる動揺を経験した。

　米国は右へ、左へ大きく揺れた。欧州には難民の大量流入があり、そのもたらした消えない波紋がある。英国と大陸の離婚騒ぎが加わり、欧州は、内にかまけた。

　その間中国は経済大国となり軍事強国となって、力にモノを言わせる国へと、見る間に変貌した。

　変わらなかったのは、日本だ。いや変わったとしたら良い方向へと着実に変化したのは、われわれの国だった。この間われわれの方位磁石は、あたかも極北の一点を指し、微動だにしなかった。結果として得られた安心立命の境とは、いかに貴重だったか。安倍総理こそが、そのぶれないコンパスだった。

この間に安倍総理が敷いた対外関係の礎石に触れながら、この稿を結論へ導いていこう。

安倍総理は第二次政権発足早々、「地球儀を俯瞰する外交」を標榜した。それはまず、オリンピックとパラリンピックの開催国となるための行脚に次ぐ行脚となって、総理の外交の、その後を貫く特徴をもたらした。頻繁な外国訪問だ。

本年1月17日現在（この後、安倍総理の外遊はなかった）の数字をみると、総理の外国訪問回数は81回。訪問先の国・地域は、延べで176、ネットでは80。その間に飛んだ距離158万1281キロメートルは、月と地球を二往復以上してお釣りがくる計算だ。

中国との関係を、しばらく悪化するに任せたのは記憶に新しい。

そこは、設計通りだった。

日本を悪しざまに言い、敵視する国は、世界広しといえども二国しかない。情念の産物か、戦略判断に由来するか同じ反日姿勢に違いはあるが、韓国と中国だ（北朝鮮はとりあえず措く）。うち安全保障上最大の懸念要因は、中国である。

となれば日本がいかに多くの友に恵まれ、親愛を集めているか見てもらおう。日本国民にも、知ってもらっておく必要がある。それが「地球儀を俯瞰」しようとした動機だ。

イスラエル、イェルサレムを訪れた安倍総理は、ユダヤ人犠牲者を悼む永遠の火を前に、短い言葉を捧げた。すると、強面で鳴る米国のユダヤ人団体が間髪容れず絶賛した。米国のユダヤ人たちの間に、「安倍晋三」の名が知れ渡る。日本と世界のユダヤ人コミュニティは、かつてないまでに近づいた。このことは、日本の「政治資本」を強化する。

イスラエルの隣国ヨルダンのフセイン国王と総理の友情も、思い起こすだに心温まる。総理を乗せた政府専用機がヨルダン領空に入るや、同国空軍の戦闘機が二機現れ、両側を固めて着陸まで誘導してくれたことがあった。国王から総理への、篤実な気持ちの表れだ。こんな出迎えは初めてだったから、写真を撮ろうと専用機内はみな総立ちになった。

その間にももちろん安倍総理は、最も重要な国、米国との関係を、これ以上ないほど頑強にした。豪州とも同様にし、インドのナレンドラ・モディ首相とは、目を合わせるだけで感情を通じ合わせるような、得も言われぬ独特の近しさを育てた。

こうして生まれた日米豪印のつながりが、自由と法の支配を重んじ、民主主義を奉じる海洋国家の「クオッド（四辺形の意）」である。

安倍総理自身が2007年インド国会で述べたインド洋、太平洋を伸び行く結合として見る発想は、クオッドに共有の戦略思想になった。思想と戦略における貢献として、日本史上には前例がない。

ここまでして初めて、安倍総理は習近平氏と笑顔で向かい合った。中国は、その後も尖閣周辺での挑発をやめない。しかし不思議なほど、日本を悪く言わなくなった。言葉を用いて日本の立場を悪くするのは、いまは見込み薄だとみたのだろう。

祖霊を重んじおのれの誇りを大切にして、誰にも負けまいとする意思の向く先には、二通りがあり得る。

他者を斥けることで内なる純化、醇化を図るロマン主義的ナショナリズムの道。いまひとつは、他者と敬愛の情で繋がる道、自分の家郷を慈しみつつも、友を思っては心丈夫になる開放的自我を得る道だ。

見せてくれた未来

安倍総理はその治世を通じ、わが国の針路としてこの後者を選び取った。新しい日本のアイデンティティとは、海に広々と開かれ、言論と思想が自由に往来し、多くの仲間との友情に支えられる。

わが国の国益にかなった選択だ。しかし思うに、いかにも安倍総理らしい選び方でもある。「友情を大切にする人だ」と言えば、安倍総理についてほとんどを語ったことになる、安倍晋三とはそういう人だからだ。

大陸に行くか、海を選ぶか。「オーバーランド」と「オーバーシーズ」のいずれを選ぶか。強大な大陸国の沖合いに浮かぶ日本のような国は、時々これを二択問題であるかに思いたがる。経験の教えてくれるところ、非民主主義国が居座る大陸と盟を約しても、得にならない。つまり選択の余地は、実はない。

米国上下両院議員たちを前に演説した安倍総理が日米同盟を「希望の同盟」と呼んだあの刹那、敗戦と冷戦の遺産だった日米同盟に、まるで未来を向く太いコンパスの針が与えられたかのようだった。

米国に頼られ、豪州に信頼され、インドにもし愛されたら、怖いものなどない。安倍総理が見せてくれた未来だ。だからだろう、方位磁石は、ぴたり、定まった気がした。日本が伸びていくには、この安心感が絶対に欠かせない。願わくば、この道をまっすぐに歩いて行ける国であり続けることを。

単行本版のあとがき――ジャネット・リンのLP

私はここまで、網羅するよりは拙速を重んじ、実証するよりは感想を記そうとして、拙い行文を綴《つづ》ってきました。当初は談話速記をもとに、もっと急いでつくる予定だったのが、私が悪いクセ、中途半端な完璧主義を出してしまって、時間がかかってしまいました。

それはさておき、2018年から19年、20年と、日本内外は多事多端となるでしょう。一つ言うならば、中国と日本の関係は、最悪期を脱し、改善の気運に乗っています。

日本と米国が同盟強化の方針において揺るぎなく、また本書で見てきたように、安倍総理のもと、日本は豪州や、インドと、かつてなく強固な関係を結びました。

英国は、目下公試運転中の2隻の大型空母のうちどちらか1隻を、初期の航海先として、日本にもってくるようです。艦載機は、F35。我が方自衛隊のF35と、共同演習することになるでしょう。

日本は一言で言うと、安倍総理の指導下、外交パワーを大幅に強化しました。

会社で言えば、自己資本をうんと高めたようなもの。そして忘れてならないのは、それがあってこその、日中関係の改善なのです。

本文中でも触れましたように、御代が変わって新しい時代になると、新たな時代精神が感じられるようになるはずです。

２０２０年のオリンピック・パラリンピックは、近づくにつれ、人々の心を解き放ち、明るい色に染めてくれるものとなることでしょう。

自分がそうだから、総理もそうに違いないと思えるのは、私の職分にとっては幸福な心境です。

そこで思いますのは、大きな変動期に、次の世代に日本を強く、堅牢《けんろう》にして渡す役割を、われわれ世代は負っている、もちろん安倍総理も、そこを自身の責務と思っている、ということです。

戦争に参加した父親をもち、空襲に逃げ惑った母をもって、冷戦の中、米国の庇護《ひご》下《か》に、年々日本が伸びていくのを我が事として喜び、成長した世代です。

しかし子どもたちとなると、未来をちっとも明るいと思えたためしがない。そこに憤りを抱き、せめていくらかなり、日本を強くして、次世代に渡さなくてはと、そう心にかけているのです。

だからひたすら、経済、経済。すべてはそこに発する以上、安倍総理の経済重視に

単行本版のあとがき――ジャネット・リンのLP

（著者撮影）

嘘《うそ》偽りなどあり得ないことは、もう本文で述べました。

思えば安倍総理の祖父にあたる岸信介たち当時の指導者は、どうしてあんなに経済建設の青写真を描くのに秀でていたのでしょう。

1964年に東京五輪が開けるとなると、それに合わせて新幹線、モノレールが走り、高速道路が敷かれてYS11が空を舞いました。国際機関のあれこれには、フルの資格で参加します。五輪開催の露払いは、国際通貨基金・世界銀行総会の、東京開催でした。むろん、アジアで初。

1966年、ビートルズがやってくる、これは政治の計画外でしたが、70年の大阪万博は、切れ目なくイベントを開く方針の一大成功例です。

「人類の進歩と調和」というスローガンは、暑いさなか、長い列で待つのに疲れ果てた人たちから、申し合わせたように「人類の辛抱と長蛇」なんて言われたものですが、安倍総理の記憶を伺うと、やはりストレートでした。

「あのときはね、ものすごい数の外国人に、日本人がまとまって出会った最初の経験なんだね。だってあの期間中だけ、ふつうは出超、赤字になる旅行収支が、外国から観光客がたくさん来たから、黒字になったくらいだからね」

仕上げは、札幌の冬季オリンピックでした。1972年。その翌年、第一次石油危機勃発と同時に、日本の高度成長は終焉《しゅうえん》を迎えるのです。

札幌の、真駒内リンクを滑ったのが、当時18歳、あのころはボブヘアと言わずページボーイヘアと言ったのですが、短めに刈り揃《そろ》えたサラサラの金髪をなびかせ、転んでもかわいかったジャネット・リンです。

安倍総理のもとには、ファンレターの返信として、ジャネット・リンから手紙が届いたそうですが、私のところにも、ロックフォード・イリノイの彼女のもとから、やはり手紙が届きました。

最後にお目に掛けますのは、私が持参したＬＰのジャケットを見入っている総理の姿です。ジャネット・リンには、２枚のＬＰレコードがありました。敬虔《けいけん》このうえないキリスト教徒だった彼女は、人気にあやかりつつ、布教を一目的とするアルバムをつくったのです。それを持参したところ、総理はご存じなかった。

「え？　ジャネット・リン、レコード出してたの。へえー。知らなかった」

そう言ってびっくりしているところ、パチリとやりました。

文庫版のためのあとがき

安倍総理は、令和二（2020）年9月16日、連続在任7年8カ月に及んだ政権の幕を引いた。

先立つ8月は二度、主治医のいる慶應義塾大学病院を訪れた。初回（8月17日）は、7時間半かけて、潰瘍性大腸炎に新たな治療を受けた。のちに、わかったところだ。その1週間後、8月24日に、再び同病院を安倍総理は訪れる。

記者会見を開いて辞意を明らかにしたのは、8月28日。その間、あしかけ5日、総理は煩悶《はんもん》を重ねたらしい。最初の治療が奏功し、2度目に病院へ行ったときには、どこか手応えを感じていたようなのである。辞任を控えて最後に執務室へ呼んでくれたとき、わたしにも「いま、体調が良くてね、だからいろいろ迷ったんだけど」と、逡巡したことを隠さなかった。

その達成は偉大だけれども、安倍総理にとっては、やり残した課題があまりに大きい。「もしかすると治療を続けながらでも、まだできるかもしれない……」。ごく最近までは、至って健康体だったのでもある。

思いは、千々《ちぢ》に乱れただろう。あくまでわたしの推察にすぎないことを断ったうえでいうとすると、「総理、いまが潮時です。今度悪化して、唐突に辞めざるを得なくなったら、また混乱を招きますよ。それでいいんですか」などと言って、「タオルを投げた」のは、今井尚哉秘書官（兼補佐官）だったのではあるまいか。ここは当事者が口を開くまで、真偽のほどを確かめることはできないが。

菅義偉氏が自民党総裁となり、総理大臣の座に就いたことに、驚きは少なかった。むしろ麻生太郎氏が、副総理兼財務相兼金融担当相という重責をそのままに残ったことが、わたしには意外だった。安倍総理自身の言葉を借りると、麻生氏とは安倍氏にとって「永遠の盟友」である。そんな麻生氏は菅新総理との間で、肝胆相照らす関係をつくってきたわけではない。それなのに。

しかし麻生氏からしてみると、いまは非常時だ。パンデミックとそのもたらした経済大停滞との戦争を強いられているなか、自分は戦時の財務相なんだと思っている。財政は、いまこそ必死に、実体経済を支えなくてはならない。まかり間違ってブレーキを踏みたがる手合いを運転席に置いたのでは、「せっかく、安倍とオレでここまでもってきた日本経済が、また止まってしまう」と、そう思ったのではないか。

「安倍のため、日本のためにも、オレは残る」と。これが麻生氏の決断だっただろう。

9月20日、安倍氏より1日早くにだが誕生日を迎え、傘寿（80歳）に達する人にして。

この機会に書いておくとすると、歴代最長の財務相（大蔵相）として在任記録更新中の麻生氏が果たした役割に、財政史家はふさわしいだけの関心を向け、評価を与えるべきだ。

笛吹けど動かぬ企業を揺すり、なんとかキャッシュを前向きに使わせようとしたことや、老人医療のコストに歯止めをかけようとする、民主制国家として難題中の難題に取り組んだことは、本文にしるしたとおり、アベノミクスを支えた重要な貢献だった。

官邸には、杉田和博氏が、行政機構を横断して束ねる官房副長官として残った。令和三（２０２１）年4月にこの人は、齢80、やはり傘寿を迎える。安倍第二期政権発足とともに、その座に就いた。それ以来、２つある政務副長官のポスト（衆参各院議員が埋める）には幾度か入れ替わりがあったけれども、事務担当副長官の杉田氏だけは、ついに変わらなかった。

やれ台風だ、洪水が起きそうだとなると、官邸に寝泊まりして日を送ったようだ。東京23区を出ることとさえない。蓄積した疲労は杉田氏の様子に一見して明らかだが、翌年のオリンピック、パラリンピックを無事終え、疫病克服の闘いにメドが立つまではと、鏤骨《るこつ》を重ねる決意をしたのであろう。

安倍総理が積み重ねたものを、いささかとて棄損させてはなるものか——。麻生氏にしろ、杉田氏にしろ、どこかにそんな思いがあっての、おのおのの決断だったのだとすると、促したものは安倍氏の引き際だった。その潔さだっただろう。最長政権にして、閉幕後になお続くこの継続。希代の大宰相たるゆえんだ。

＊　＊　＊

いままで「総理」「総理」と、もう「菅総理」がいるのに、それを差し置いて安倍晋三氏の代名詞として使ってきた。やむをえない。わたしには、「総理」の二文字から、安倍総理以外を思い浮かべることなどできないからである。

スピーチライターとて一種の職人であるからには、どんなあるじにも包丁一本、仕えるべしとする考えはあり得る。要路の一部に、そんなふうに示唆して留任の意向がないか聞いてくれた人もいた。

有難くはあったが、どうしてもできなかった。

7年8カ月、安倍さんのことばかり考えてきた（若い歌い手の新曲を聞いても、「あ、これ、今度のモチーフになる」などと咄嗟《とっさ》に連想している自分を見出しては、このごろ驚いている）者に、いきなりスイッチを入れ替えろとは、無理な相談である。米国に例をとっても、歴代大統領に政権をまたがって仕えたスピーチライターなど果たしてあったか、寡聞《かぶん》にして知らない。

安倍総理には、やりたかったスピーチがある。

ひとつは、英ウエストミンスター（国会議事堂）での、英語による演説。実現していれば、米国でのそれと同様、歴史の星霜《せいそう》、その恩讐《おんしゅう》を超え、新時代の絆をことほぐものとなっていただろう。

立憲君主制において共通し、民主主義の成熟において相並び、海洋国家としてのアイデンティティを、堅固に保つ国同士だ。

「英国をＴＰＰに迎え入れられるのは、わたくしの欣快《きんかい》とするところ」と、安倍総理は言いたかったのではあるまいか。

インド洋から太平洋へ、波頭を分けて進むロイヤルネイビーと、旭日旗を高らかに掲げるわが海上自衛隊とが洋上において出会うとき、法の支配はその栄光ある担い手を得るのだと安倍総理がおごそかに語ったなら、英国朝野は、昔年の日英同盟を想起しつつ、深く頷いたのではなかったか。英国側にはそのつもりで、もろ手を挙げて受け入れる用意がすでにあった。残念である。

もうひとつ、インドで果たせなかったスピーチがある。

総理にとって「ソウルメイト（心の友）」といえるナレンドラ・モディ首相は、令和元（２０１９）年12月に安倍総理を招き、一緒にインド北東部マニプール州のインパールへ足を伸ばすつもりだった。

インパールを目指し日本軍が繰り広げた戦いがどんなものだったかは、例えば故・

古山高麗雄の戦記諸作品に詳しい。凄惨さたるや、言語を絶する。いまそこには、インド側の理解と協力を得て笹川陽平氏の日本財団が建てた「平和資料館」がある。

同館を訪れたあと、総理はごく短いスピーチをする予定だった。「白骨街道」と呼ばれた一帯はじめ、彼の地には、いまなお数知れぬ日本兵の遺骨が眠る。総理はきっと、鎮魂と、慰霊の気持ちを、静かに語りたかっただろう。おりからインドの当該地方に社会不安が生じ、訪問は双方相談のもと、「延期」となった。「次」はないことなど、当時は夢にも思うことなく。

＊　＊　＊

なそうとしてなし得なかったことは、確かに多い。しかし、だ。

先の戦争に斃れた将卒を、敵味方問わず「勇士」と呼び、そうすることによって、とくに我が方の名誉を最終的に回復しつつ、かえらぬ時の過酷さにしばし瞑目する。にもかかわらず戦後は仇敵間で和解に達し、友情が築けたなら、辞を低くしてその有難さを思う。過去をとらえてその像を印画紙にくっきり定着させたレンズは、一転、未来を向き、希望を説いて、明色の筆致で、協力を語る。安倍総理が選び、磨いた論理と情理は、そんなふうだった。

安倍総理は、自由をたっとび、民主主義を重んじて、ひとが生来もつ人権に差などいっさいあるべきでないと信じるその信念において、ゆるぎがなかった。また、それこそが、いまを生きる日本人の自画像だという点、一点の疑念ももっていなかった。

過去から未来へとレンズを振り、安倍総理は、新しい日本人のアイデンティティを、雄渾《ゆうこん》な線で描き出した。そのことによって、米国に、豪州に、インドに、英国やフランスにも、共鳴の輪を広げた。つまりは日本の戦略空間を、それだけ拡大させた。他のだれに、できただろうかと思う。

擱筆《かくひつ》しようとして突然浮かんだ比喩を許されるなら、わたしの役目とは、セル画を描いては消し、また描いては、「もう一声」と言われつつ直しながら、美しいアニメーション、「安倍監督作品」の完成目指し、プロダクションの一員となって働くこと、それも、いそいそと、働くことだった。

7年8カ月。わたしにとっては、男子一生の、本懐なる、だ。

令和二（2020）年10月

著者識す

谷口　智彦（たにぐち・ともひこ）

慶應義塾大学大学院システムデザイン・マネジメント研究科教授。1957年香川県生まれ。東京大学法学部卒業。1985年日経マグロウヒル（現・日経BP）社に入り「日経ビジネス」記者。同誌ロンドン特派員、主任編集委員を経て2005年退社。この間プリンストン大学フルブライト客員研究員、ロンドン外国プレス協会会長（アジア初）、ブルッキングズ研究所給費研究員など歴任。2005－08年、外務省で外務副報道官。2013年2月から内閣審議官、14年4月から内閣官房参与として安倍晋三総理の外交政策演説を担当。2020年9月、安倍総理辞任とともに内閣官房参与を辞職。著書に『通貨燃ゆ』（日経ビジネス人文庫）、『日本人のための現代史講義』（草思社文庫）ほか。

誰も書かなかった安倍晋三

2020年11月22日　第1刷発行
2022年8月14日　第2刷発行

著　　者　谷口智彦
発 行 者　大山邦興
発 行 所　株式会社　飛鳥新社
〒101-0003　東京都千代田区一ツ橋 2-4-3　光文恒産ビル
電話　03-3263-7770（営業）　03-3263-7773（編集）
http://www.asukashinsha.co.jp
装　　幀　芦澤泰偉
印刷・製本　中央精版印刷株式会社

ISBN 978-4-86410-806-5

編集担当　沼尻裕兵　工藤博海

定価1200円(税込)　ISBN 978-4-86410-875-1